CATÉCHISME POLITIQUE

OU

ÉLÉMENS

DU DROIT PUBLIC ET CONSTITUTIONNEL DU

CANADA

Par A. Gérin-Lajoie

Réimpression publiée sous les auspices
du Conseil Canadien de Recherche en Sciences Sociales
de la Maison des Sciences de l'Homme, Paris
du Conseil Canadien de Recherche sur les Humanités
de la Toronto Public Library

S. R. PUBLISHERS LIMITED

JOHNSON REPRINT CORPORATION

MOUTON & CO. N.V.

1967

Imprimé aux Etats-Unis

S. R. Publishers Ltd.
East Ardsley, Wakefield
Yorkshire, England

Johnson Reprint Corporation
111 Fifth Avenue
New York, N. Y. 10003, U.S.A.

Mouton & Co. N.V.
Herderstraat 5
The Hague, Netherlands

Réimpression 1967

AVERTISSEMENT

La Bibliothèque Publique de Toronto a entrepris, avec la collaboration de la Maison des Sciences de l'Homme (Paris), du Conseil Canadien de Recherches sur les Humanités et du Conseil Canadien de Recherches en Sciences sociales, un programme de réimpressions comportant quelque deux cents texts sur l'histoire du Canada et des Etats-Unis. Ces ouvrages, choisis par un Comité des Conseils et la Bibliothèque Publique de Toronto, ont tous été publiés en édition originale avant 1867: environ le tiers d'entre eux sont en langue française.

Les livres sont réimprimés au format de l'édition originale et, sauf en ce qui concerne la reliure, en fac-similé de celle-ci. La reliure et le papier sont conformes aux normes recommandées par le Council on Library Resources quant à leur solidité et leur durabilité. Chaque volume comporte en supplément une note bibliographique, reproduite d'apres la Bibliographie des Canadiana publiée par la Bibliothèque Publique de Toronto.

La collection *"Canadiana avant 1867"* répresente une source de documentation unique en son genre pour tous ceux qui s'intéressent à l'histoire de l'exploration et de la colonisation de l'Amérique du Nord.

CATÉCHISME POLITIQUE;

OU

ÉLÉMENS DU DROIT PUBLIC ET CONSTITUTIONNEL

DU

CANADA,

MIS A LA PORTÉE DU PEUPLE;

AVEC UN APPENDICE CONTENANT LES DISPOSITIONS ENCORE EN FORCE DES CAPITULATIONS, DU TRAITÉ DE PAIX, ET DES ACTES CONSTITUTIONNELS DU CANADA; LE TEXTE DE L'ACTE D'UNION DES DEUX PROVINCES ET LES AMENDEMENS QU'IL A SUBIS DEPUIS SA PASSATION; AINSI QUE DIVERS AUTRES RENSEIGNEMENS D'UTILITÉ GÉNÉRALE.

— AUSSI, —

PLUSIEURS TABLEAUX PRÉSENTANT UNE LISTE COMPLÈTE DES MEMBRES DE L'ASSEMBLÉE LÉGISLATIVE, DU CONSEIL LÉGISLATIF, ET DU CONSEIL EXÉCUTIF DU BAS-CANADA, DEPUIS L'ÉTABLISSEMENT DU GOUVERNEMENT REPRÉSENTATIF EN CE PAYS JUSQU'A NOS JOURS:

PAR A. GÉRIN-LAJOIE.

Montreal:
IMPRIMERIE DE LOUIS PERRAULT,
RUE SAINT-VINCENT.
1851.

PRÉFACE.

L'AUTEUR des pages suivantes a eu en vue de publier, sous forme d'ouvrage élémentaire, quelques notions simples, claires et *pratiques* sur le droit public et l'organisation politique du Canada.

L'étude de la science du gouvernement peut bien occuper toute la vie d'un homme, mais les principes généraux sont à la portée de toutes les intelligences. Chaque individu, comme membre de la société et comme citoyen de son pays, devrait connaître ses droits et ses devoirs.

Pour pouvoir se dire voteur éclairé, il faut au moins connaître jusqu'à un certain point l'organisation du gouvernement auquel on est soumis, avoir une idée des pouvoirs qui composent ce gouvernement, et des attributions assignées à chacun de ces pouvoirs ; connaître les fonctions des diverses branches de la législature, la constitution des puissances législative, exécutive et judiciaire, et comprendre ces principes qui font la base de tous les gouvernemens constitutionnels, tels que l'épreuve par jurés, les droits de sureté, de propriété, la liberté de la presse, etc.

Rendu à ses quinze ou vingt ans, le jeune homme lit et écoute avec une singulière avidité tout ce qui a rapport aux affaires de son pays ; les assemblées publiques, la lecture des journaux intéressent sa curiosité. Mais malheureusement l'absence de connaissances préliminaires et fondamentales rend longtems cette curiosité presqu'infructueuse, et il faut souvent l'expérience attentive de plusieurs années pour bien comprendre ce que la lecture d'un ouvrage élémentaire eût fait saisir en quelques instans. Puisse ce travail suppléer un peu à cette lacune !

L'intention de l'auteur n'est donc pas de faire ce qu'on appelle de la politique de parti ; il ne recherchera pas quelle serait la meilleure forme de gouvernement pour le Canada ; il n'exprimera pas même d'opinion sur le mérite de la constitution qui nous régit—toute question controversée sera soigneusement évitée—il se contentera de donner un exposé de notre constitution, telle qu'elle est ; ce sera au lecteur à faire lui-même ses réflexions.

L'auteur n'a pas la prétention de publier rien de neuf; les principes qu'il expose sont connus de tous les hommes publics ; il n'a pas hésité, non plus, à s'approprier, lorsque les choses convenaient à ses vues, les idées répandues dans différens auteurs, sans même prendre la peine de les citer ; précaution qui ne saurait avoir aucune utilité réelle dans un ouvrage élémentaire comme celui-ci, et qui ne contribuerait tout au plus qu'à en rendre l'impression plus coûteuse.

Mais, tout imparfait que soit son travail, l'auteur souhaite qu'il puisse être utile à ses concitoyens, et il ose se flatter que le public l'accueillera avec indulgence, en attendant mieux.

COUP-D'ŒIL

SUR LES DIVERS

GOUVERNEMENS DU CANADA,

DEPUIS LA CESSION.

LES vastes régions aujourd'hui connues sous les noms de Haut-Canada et Bas-Canada furent cédées par la France à la Grande-Bretagne en vertu d'un traité de paix signé le 10 février 1763.

En octobre, la même année, le Roi George III fit annoncer par une proclamation qu'aussitôt que les circonstances le permettraient, une assemblée générale serait convoquée dans la colonie, alors appelée "Province de Québec."

Onze années s'écoulèrent sans que l'on tentât de remplir cet engagement. Au lieu d'une législature populaire, il n'y eut qu'un gouverneur, assisté d'un conseil dont il prenait l'avis quand il le jugeait à propos. Ce gouverneur et ce conseil réglaient tout ce qui avait rapport au bien-être et à la paix de la colonie.

En 1774, le parlement d'Angleterre passa deux statuts importans relatifs à la Province de Québec. Le premier (14e Geo. III, c. 83) fixait les limites de la province, assurait aux prêtres et aux autres membres de l'église catholique romaine une tolérance illimitée dans l'exercice de leur religion, établissait les lois civiles françaises et les lois criminelles anglaises, et créait un conseil qui ne pouvait être composé de moins de 17 membres ni de plus de 23. Le gouverneur, avec l'assistance de ce conseil, pouvait faire des ordonnances et prélever des taxes pour la confection de chemins publics et la construction de quelques édifices indispensables. Le second de ces actes (14e Geo. III, c. 88) revoquait certaines taxes prélevées sous le gouvernement français, et leur substituait des droits modérés sur les melasses et les boissons fortes. Le revenu provenant de ces droits fut déclaré applicable aux dépenses du gouvernement civil et de l'administration de la justice.

En 1791 fut passé la 31e Geo. III, c. 31, appelée communément " Acte constitutionel" ou " Acte du Canada." Cet acte divisait la province en Haut et Bas-Canada, et établissait dans chacune des nouvelles provinces un conseil législatif et une assemblée. On avait intention alors de former dans ces provinces une aristocratie en attachant aux places de conseillers des titres honorifiques qui devaient passer de père en fils. Dans cette vue les conseillers législatifs étaient nommés à vie.

Il suffit de récapituler en termes généraux les autres dispositions importantes du statut de 1791. Il pourvoyait à la convocation d'assemblées dans les deux provinces, établissait les qualifications des électeurs et des membres, exigeait qu'il y eut une session tous les ans, et limitait à quatre années la durée du parlement provincial. Il déclarait que la tenure anglaise de franc et commun soccage s'appliquerait à toute terre qui serait concédée subséquemment par la couronne. Il récitait les termes de l'acte déclaratoire passé par la Grande-Bretagne en 1778 par lequel elle renonçait au droit de taxer les colonies, autrement que pour règlement de commerce, et promettait que le parlement anglais observerait cet engagement à l'égard des Canadas.

Les conseillers exécutifs formant le conseil privé du gouverneur étaient au nombre de 11 et devaient être nommés par la couronne.

Mais les gouverneurs, contrairement à la pratique suivie en Angleterre, ne se crurent pas obligés de choisir leurs conseillers parmi les personnes possédant la confiance des représentans du peuple ; ces ministres n'avaient aucune responsabilité. Aucun d'entr'eux ne siégeait dans la chambre d'assemblée.

Le gouverneur et son conseil se trouvèrent bientôt en opposition ouverte à la branche populaire de la législature, mais, comme ils fesaient eux-mêmes le choix des conseillers législatifs, ils étaient toujours soutenus par cette dernière branche. De là, pour le pays, de longues années de trouble et de malaise.

Il serait inutile de s'appesantir ici sur les causes qui ont amené les collisions alors si fréquentes entre le pouvoir exécutif et la chambre d'assemblée. Contentons-nous de rapporter ici les observations de Mr. Geo. Poulett Scrope, membre de la chambre des communes en Angleterre, auteur des mémoires de Lord Sydenham, et frère de ce dernier.

Voici ce qu'il dit dans ces mémoires en parlant du gouvernement du Canada jusqu'à 1840.

" Il devait être naturel de s'attendre que dans des colonies qui jouissaient d'une constitution modelée sur celle de la Grande-Bretagne, le gouvernement exécutif, en se trouvant en opposition au corps des représentans, suivrait une marche analogue à celle qui sert, dans la mère-patrie, à maintenir l'harmonie entre la couronne et la chambre des communes. Malheureusement, le principe que le gouvernement exécutif doit être en harmonie avec le corps représentatif, principe qui dans la mère-patrie est un axiôme, non-seulement n'a jamais été reconnu en Canada, mais lorsqu'on a voulu le proclamer, il a été repoussé et dénoncé comme démocratique, révolutionnaire, et presqu'équivalent au crime de haute-trahison.

" Aussitôt qu'il fut décidé que le gouvernement exécutif n'avait pas besoin d'être en harmonie avec la chambre d'assemblée, ni d'avoir son appui, il s'en suivait que le gouvernement devait retirer ses officiers de ce corps....le grand principe que le combat de la couronne doit se vider dans la chambre représentative fut mis de côté, et le gouvernement resta sans pouvoir se défendre ni s'expliquer en présence de ce corps chez lequel sa défense était d'une importance vitale. L'assemblée, choquée de la persistance du gouvernement à faire dominer sa politique sans aucune considération pour ses votes et ses opinions, passa des paroles aux actes, et commença à adopter des mesures dans le but d'affaiblir la prérogative....Pour y faire face, le gouvernement employa le moyen fatal de faire du conseil législatif un brise-eau entre lui et le peuple. A la fin, irritée par son entière impuissance contre la résistance passive du gouvernement....la majorité fut poussée à une mesure extrême, celle de refuser les subsides ; et c'est ainsi que fut causée peu-à-peu cette exaspération qui engagea la chambre à demander un changement dans la constitution comme le seul moyen de faire disparaître toutes les difficultés....Les Bas-Canadiens demandèrent un conseil législatif électif, les Haut-Canadiens un conseil exécutif responsable à l'assemblée. On résista à l'une et à l'autre de ces demandes : de là l'insurrection dans le Haut et le Bas-Canada."

Le 10 février 1838, un acte fut passé dans le parlement impérial, afin d'établir des dispositions temporaires pour le gouvernement du Bas-Canada. Par cet acte la constitution de 1791 fut révoquée dans cette partie de la province et les pouvoirs de la législature suspendus. La Reine pouvait nommer un "Conseil spécial" dont les membres prêteraient serment et feraient, avec le gouverneur, les lois nécessaires. Les lois devaient être proposées par le gouverneur; leur durée était limitée au mois de novembre 1842 ; et elles pouvaient être désavouées par la Reine en conseil. Cet acte n'affectait pas les lois en vigueur à cette époque.

Par un amendement fait à cet acte le 17 août de l'année suivante, le conseil spécial ne pouvait pas être composé de moins de 20 membres et le quorum était de 11. Les lois pouvaient être faites pour durer au-delà de novembre 1842, mais elles devaient être soumises pendant 30 jours au parlement avant que d'être confirmées. Le gouverneur pouvait prélever des taxes pour des améliorations publiques et certains objets du gouvernement municipal. Enfin toute loi ou ordonnance faite par le gouverneur devait, avant d'avoir force de loi, être publiée au long dans la gazette officielle de la province.

Le 10 février 1841 la réunion du Haut et du Bas-Canada en une seule province fut proclamée.

De ce jour un nouveau gouvernement a été mis en force dans ce pays ; c'est un gouvernement constitutionel sous un système représentatif et qu'on est convenu d'appeler "gouvernement responsable."

DE LA CONSTITUTION DU CANADA.

On appelle " constitution" les lois fondamentales qui sont la base de l'organisation politique d'un état.

La constitution du Canada n'est pas une constitution écrite, comme celle des Etats-Unis ou celle de la France, bien que plusieurs statuts du parlement impérial que nous appelons nos actes constitutionnels,et certaines résolutions sanctionnées par le gouvernement de la mère-patrie, servent à diriger jusqu'à un certain point le gouvernement de cette province.

Cette partie *écrite* de notre constitution se compose des dispositions encore en force : 1° des capitulations ; 2° du traité de Paris du 10 février 1763 ; 3° de la proclamation du Roi d'Angleterre en date du 7 octobre 1763 ; 4° de l'acte de Québec passé en 1774 ; 5° de l'acte constitutionnel de 1791 ; 6° de l'acte d'union tel qu'amendé ; 7° enfin des résolutions de 1841 et autres mesures adoptées par le parlement de cette province et sanctionnées par le gouvernement impérial.

Tout ce qui n'a pas été prévu et déterminé clairement par ces actes doit être réglé conformément aux coutumes suivies dans cette colonie ou aux lois et usages établis pour des fins analogues en Angleterre. La partie *non écrite* de notre constitution se compose de ces coutumes, et de ces règles constitutionnelles en autant qu'elles ne sont pas incompatibles avec notre condition de colonie, avec les droits particuliers qui en résultent, ou avec les mœurs et le caractère de la population, ou avec les circonstances où nous nous trouvons. Ces règles et coutumes sont nombreuses et n'ont jamais été publiées dans un ordre méthodique et complet. L'histoire et l'expérience peuvent seules mettre au fait des règles applicables aux divers cas qui se présentent sous le fonctionnement de tout gouvernement constitutionnel.

Pour plus de clarté et de concision, l'auteur a cru pouvoir se dispenser d'indiquer, d'une manière particulière, l'origine des lois ou des coutumes actuellement existantes et composant notre constitution ; partie des règles exposées dans le cours de cette ouvrage ont été établies par des lois spéciales, partie l'ont été par des règlemens ou des instructions, partie par l'usage seulement; il eût été fastidieux de s'arrêter sur chacune d'elles pour raconter comment elle avait pris naissance; cette méthode d'ailleurs n'aurait guères d'utilité que dans un livre d'autorités ou de *référence*, mais non dans un ouvrage élémentaire destiné à l'instruction du peuple.

PREMIÈRE PARTIE.

DES DROITS PARTICULIERS DES HABITANS DU CANADA.

Les habitans du Canada jouissent individuellement de certains droits qui leur sont garantis, soit par des traités, soit par des lois expresses, soit par leur qualité de sujets anglais, soit enfin par le droit public et le droit naturel.

La loi imposée aux hommes par la nature, par Dieu lui-même, est de se rassembler, de s'unir et de vivre en société.

Tout ce qui tend au maintien de cette société doit être soigneusement observé et respecté.

Il y a certains droits qui sont inhérens à tout homme et qu'il ne peut lui-même aliéner : tel est le droit de la vie, celui de chercher le bonheur, d'adorer l'Etre Suprême, etc.

Par les traités de capitulation et par des lois subséquentes, entr'autres l'acte de Québec de 1774, les Canadiens ont été maintenus dans la jouissance de leur religion. Les communautés religieuses conservent leurs priviléges et immunités. Personne ne doit être troublé dans sa personne ni dans ses biens pour le culte qu'il rend à Dieu ; chacun peut professer sa religion pourvu qu'il ne trouble pas la tranquillité publique.

Un septième des terres incultes de la couronne a été réservé par le gouvernement anglais pour le soutien d'un clergé protestant. Le clergé catholique, en vertu d'une loi passée avant la cession du Canada, reçoit la 26e partie de tous les grains récoltés par les catholiques dans l'étendue de sa juridiction.

Un autre droit naturel et imprescriptible pour chaque individu est celui de parler sa langue et de l'enseigner à ses enfans.

Nous naissons tous avec les mêmes droits de nous élever par nos efforts et nos talens et d'embrasser les professions ou les états qui nous conviennent le mieux.

La société doit protéger le pauvre aussi bien que le riche, le particulier le plus obscur comme le personnage le plus influent. Dès qu'un citoyen se trouve lésé dans sa personne ou dans ses biens, il est sûr d'obtenir l'effet des lois, quelle que soit sa condition, et quelle que soit la condition de la personne qui l'a offensé. Tous les hommes sont égaux devant la loi.

Nous jouissons aussi individuellement, tant en vertu du droit public que comme sujets anglais, de trois droits principaux que nous pouvons revendiquer chaque fois qu'ils nous sont deniés. Ces droits sont: la liberté, la sûreté, et la propriété.

Nous pouvons faire tout ce qui ne nuit pas aux autres et qui n'est pas prohibé par la loi.

Nous sommes protégés dans la jouissance légale et non-interrompue de notre vie, de notre santé et de notre réputation. Nous avons le droit de tuer celui qui cherche à nous ôter la vie. Nous avons même le droit de nous faire garantir contre les insultes, les menaces, les provocations, contre les médisances ou les calomnies qui tendent à flétrir notre réputation.

Le droit de propriété consiste dans la jouissance des dons de la fortune et des fruits de l'industrie. Le gouvernement même ne peut exiger des sujets aucune partie des biens qu'ils possèdent, sauf les impôts consentis par le peuple ou ses députés et établis d'après des règles d'égalité devant la loi.

Par la liberté de la presse nous pouvons exercer la censure sur les actes et la conduite du gouvernement.

Tout sujet anglais jouit de ces droits et personne ne peut l'en priver. Il a tous les moyens de les maintenir et de les faire respecter.

Ces moyens, le juge Blackstone les définit ainsi dans ses commentaires sur les lois d'Angleterre :

" Et pour la défense de ces droits, quand ils sont violés ou attaqués, les sujets d'Angleterre sont entitrés : 1° à l'administration et au libre cours de la justice dans les tribunaux de la loi : 2° au droit de présenter des pétitions au Roi et au parlement ; 3° enfin au droit d'avoir et d'employer des armes pour sa défense."

Ce dernier moyen ne s'emploie que lorsque les gouvernants " s'affranchissant de tout lien et se jetant hors de la constitution, ne respectent plus ni la personne ni la propriété du citoyen et veulent règner sans le parlement ou le forcer de souscrire à ses volontés." Avant d'en venir à cette extrémité il faut s'efforcer de renfermer le pouvoir dans de telles limites qu'il ne puisse agir contre l'intérêt de la société.

Un des grands principes sur lesquels est appuyée la liberté de tout sujet anglais, c'est qu'il ne peut être condamné que par le jugement d'un certain nombre de ses concitoyens. C'est ce que l'on appelle " l'épreuve par jurés."

Il y a dans toutes les parties du pays des magistrats et des juges de paix dont le devoir est de veiller au bon ordre et au maintien de la paix publique. Si un individu est accusé d'un crime le magistrat peut le faire arrêter, mais pour cela il faut qu'il ait devant lui une déposition sous serment, et des preuves assez fortes pour justifier une arrestation.

Lorsque l'accusation parait fondée, le magistrat peut envoyer en prison la personne arrêtée. Mais en vertu de l'acte *d'habeas corpus* tout prisonnier a droit, lorsqu'il n'est pas accusé d'un crime très-grave, de demander à être mis en liberté, en donnant caution de comparaître à la prochaine session de la cour criminelle pour y subir son procès devant ses concitoyens.

Lorsque le magistrat ne croit pas devoir admettre le prisonnier à caution il l'envoie en prison, et l'*habeas corpus* reste encore au prisonnier comme moyen de libération soit simplement soit avec condition de comparution.

Un autre privilége d'une grande importance et qui nous est garanti tant par une loi expresse que par notre qualité de sujets anglais, c'est de ne pouvoir être taxés qu'avec notre consentement exprimé par la voix de nos représentans.

DEVOIRS DES CITOYENS.

Mais si les citoyens ont des droits à exercer, ils ont aussi des devoirs à remplir.

Tout membre de la société doit se montrer l'invariable et religieux observateur des lois et respecter le pouvoir qui en est l'organe. Le citoyen arrêté au nom de la loi doit obéir à l'instant.

Le bon citoyen doit consentir à payer l'impôt qui a été librement voté par les représentans du peuple.

Il doit respecter et maintenir la liberté, la sûreté et la propriété d'autrui, et regarder comme une tyrannie contre la société entière toute injustice faite à l'un de ses membres.

" Chaque homme" dit un publiciste, " doit faire ce raisonnement: je veux être heureux, mais je vis avec des hommes dont chacun veut aussi être heureux; il faut donc que je cherche le moyen de me procurer mon bonheur, en procurant aussi le leur, ou du moins sans nuire au leur.

" Il nous importe d'être unis avec les autres hommes, de vivre en paix et en bonne intelligence avec eux. Le plus sûr moyen d'obtenir cette paix, n'est-ce pas de faire tous nos efforts pour l'établir?

" Il nous importe qu'on nous protége, et que nos vies et nos biens soient en sûreté. Comment espérer cet avantage si nous sommes les premiers à ravir le bien d'autrui, si nous attaquons sa vie au lieu de la défendre?

" Chaque homme doit se regarder comme membre de la société humaine, citoyen du monde, et partie d'un grand tout dont il doit procurer les avantages. Il n'est pas permis à un homme de se regarder comme détaché des autres hommes.

" Chaque homme a intérêt que les autres hommes observent les lois naturelles; et c'est pour cela qu'en général la multitude protége ceux qui sont opprimés par la violation de ces lois. Si un homme prétendait tout rapporter à son propre avantage, sans égard à celui des autres, chaque homme serait en droit d'en user de même envers lui, et il naîtrait de là une guerre de chacun contre tous, et une anarchie générale qui est le plus grand de tous les maux dont le genre-humaim puisse être affligé.

" Si nous pratiquons au contraire les devoirs de la justice envers les autres, nous sommes en droit d'exiger que les autres la pratiquent aussi : et ils sont disposés à le faire à notre égard, par cela même que nous le fesons au leur.

" Nous devons nous entr'aider, nous faire du bien les uns aux autres, et employer nos soins, notre industrie et nos biens même à resserrer les nœuds des sociétés humaines." (*a*)

(*a*) Science du gouvernement, tome III, chap. VI. sect. 4.

SECONDE PARTIE.

FORME DU GOUVERNEMENT.

Le gouvernement peut être défini un corps politique où réside l'autorité à laquelle on est tenu d'obéir, un corps ou une autorité qui gouverne et dirige la société toute entière (*a*)

Le gouvernement a pour but de garantir la sûreté, la liberté, la propriété de chaque membre de la société, de conserver l'union, la paix, prévenir les crimes, donner un appui au faible contre l'injustice, la violence, l'arbitraire, protéger la religion, rédiger, promulguer, faire observer les lois civiles et pénales, encourager l'agriculture, le commerce, les sciences et les arts, ouvrir et entretenir des communications, creuser des canaux, fixer et répartir les impôts, etc.

On appelle ordinairement gouvernement constitutionnel celui où le peuple ou ses représentans ont le pouvoir de proposer les lois et d'accorder ou refuser les subsides.

Dans tout état bien constitué, il existe trois puissances principales, savoir : la puissance législative, la puissance exécutive, et la puissance judiciaire. La première fait les lois, la seconde les fait exécuter, la troisième décide les cas où elles ont été enfreintes et la peine dont ces infractions doivent être punies.

Ce dernier pouvoir ne fait pas proprement partie des pouvoirs constitutionnels bien qu'il intéresse beaucoup la constitution elle-même.

(*a*) La *société* est l'ensemble des individus et des familles qui entretiennent entre eux des relations pacifiques. La grande société humaine se divise en plusieurs sociétés séparées par divers accidens, tels que des chaînes de montagnes, des mers, des gouvernemens différens ; on nomme ces sociétés particulières des *nations* (Say. catéch. écon. pol.) ch. 1 note *a*.

En vertu de l'Acte d'union du Haut et du Bas-Canada passé dans le parlement impérial le 23 juilliet 1840, la Reine pouvait, de l'avis de son conseil privé, autoriser le gouverneur général de ces provinces à fixer, par une proclamation, le jour où les deux provinces seraient réunies en une seule pour les fins de la législation et du gouvernement exécutif.

Ce jour fut fixé au 10 février 1841.

Par cet acte d'union qui est encore en force aujourd'hui, quoique certaines clauses en aient été retranchées ou amendées, les trois pouvoirs que nous venons de désigner ont été établis pour diriger le gouvernement de ce pays. Nous définirons aussi succinctement que possible la composition et les attributions de ces différens pouvoirs, en nous appuyant tant sur nos actes constitutionnels que sur les règles suivies en Angleterre et les usages adoptés dans cette colonie.

CHAPITRE PREMIER.

DU POUVOIR LÉGISLATIF.

Notre constitution repose jusqu'à un certain point, au moins dans la pratique, sur la même base que la constitution d'Angleterre, en ce que le parlement seul est investi de la puissance législative, c'est-à-dire, du pouvoir d'établir les lois, de les abroger, de les changer, de les expliquer. C'est là le grand principe auquel tiennent tous les autres.

Le pouvoir législatif a la prépondérance sur le pouvoir exécutif; il n'a d'autres limites que la constitution ; il peut changer et renverser à son gré les ministres. Aucun ministère ne peut fonctionner s'il n'a l'appui de la puissance législative ; ces deux pouvoirs doivent toujours être en harmonie.

Le parlement en qui repose la puissance de faire les lois se compose de trois branches qui sont : 1° l'assemblée législative ; 2° le conseil législatif ; 3° le gouverneur agissant au nom de la Reine.

Les lois passées par l'assemblée et le conseil législatif et sanctionnées par la Reine ou le gouverneur sont en force et obligatoires.

DE L'ASSEMBLÉE LÉGISLATIVE.

L'assemblée législative est composée d'un certain nombre de membres élus par les comtés et les villes du Haut et du Bas-Canada, (*a*)

Les élections générales ont lieu tous les quatre ans. Elles peuvent en outre avoir lieu dans le cas où le gouverneur dissoudrait le parlement, ce qu'il a droit de faire en tout tems.

Pour pouvoir être candidat à la représentation d'un comté ou d'une ville il faut posséder dans la province des propriétés foncières pour la valeur de £500 sterling, en sus de toutes rentes, charges et hypothèques.

L'officier-rapporteur, ou tout électeur, peut exiger d'un candidat le serment suivant :

" Je (*nom et qualités*) déclare et certifie que je possède " dûment en loi ou en équité comme franc-alleu à mon pro- " pre usage et avantage des terres ou ténemens tenus en " franc et commun soccage (*ou* que je suis en bonne saisine " et possession à mon propre usage et avantage de terres ou " ténemens tenus en fief ou en roture (*suivant la circonstance*) " dans la province du Canada de la valeur de cinq cents li- " vres argent sterling de la Grande-Bretagne, en sus de toutes " rentes, mort-gages, charges et dettes hypothécaires qui peu-

(*a*) Le nombre des membres de l'assemblée législative est actuellement de 84. Un bill a été présenté à plusieurs reprises dans le but d'élever ce nombre à 150 et changer les divisions des comtés, mais il ne put obtenir l'appui des deux tiers de la chambre, comme l'exige la constitution.

" vent être attachés, dûs et payables sur telles terres ou aux-
" quels elles peuvent être affectées; et que je n'ai pas collu-
" soirement ou spécieusement obtenu un titre à la propriété
" ni ne suis devenu en possession des dites terres et ténemens
" ou d'aucune partie d'iceux dans le but de me qualifier ou
" de me rendre éligible comme membre de l'assemblée lé-
" gislative de la province du Canada."

On peut aussi exiger de tout candidat une description de la propriété qui le qualifie, pourvu que cette demande lui soit faite le jour même de la nomination, ou avant.

Pour se porter candidat il faut aussi avoir atteint l'âge de 21 ans.

Il y a certains emplois sous le gouvernement qui empêchent une personne de pouvoir être élue. Dans le cas d'acceptation d'une place rétribuée, le siége de la personne qui a accepté cette place devient vacant, mais elle peut être réélue, si la place n'est pas une de celles qui disqualifient.

DES ÉLECTIONS.

Un acte rédigé par l'hon. L. H. LaFontaine et passé en 1849 a réuni toutes les lois relatives à l'élection des représentans du peuple, dans l'assemblée législative.

Des Officiers-Rapporteurs.

En vertu de cet acte les régistrateurs des divers comtés du Bas-Canada sont *ex-officio* officiers-rapporteurs des comtés sur lesquels s'étend leur autorité comme régistrateurs; lorsqu'il y a deux régistrateurs dans le même comté, c'est celui à qui le *writ* (*a*) est adressé qui doit agir.

Dans les villes du Bas-Canada, le shérif du district est *ex-officio* officier-rapporteur; si la charge de shérif est remplie par plus d'une personne, c'est celle à qui le *writ* est adressé qui doit agir.

(*a*) Mot anglais usité en Canada pour signifier, *ordre*, *mandat*, *ordonnance etc.*

Dans le Haut-Canada, les hauts shérifs des différens districts sont *ex-officio* officiers-rapporteurs des comtés ou *ridings* (*a*) sur lesquels s'étend leur autorité comme shérifs et dans lesquels ils résident, il en est de même pour les villes des comtés qui envoient des membres au parlement. Dans les comtés où les hauts shérifs ne sont pas officiers-rapporteurs *ex-officio*, les régistrateurs de ces comtés le sont à leur place.

S'il arrivait que le shérif ou le régistrateur fût absent ou malade, ou s'il était membre du conseil législatif, etc., alors le gouverneur pourrait nommer une personne qualifiée pour agir comme officier-rapporteur.

Pour être nommé officier-rapporteur il faut être électeur et résider dans l'endroit depuis au moins un an.

Les membres du conseil exécutif, ceux du conseil législatif, ceux de l'assemblée législative, les ministres de la religion, les ecclésiastiques, les instituteurs, les juges des cours de circuit ou de district ou de juridiction supérieure, ne peuvent agir comme officiers-rapporteurs, ni comme députés-officiers-rapporteurs, ni comme clercs d'élection ou de poll (*b*) sans s'exposer à une pénalité de £25.

Les médecins, les meuniers, les maîtres de poste, les personnes au-dessus de 60 ans,et ceux qui ont déjà servi, ne sont pas obligés d'agir comme officiers-rapporteurs, à moins qu'ils ne soient shérifs ou régistrateurs, ou greffiers de ville ou asseyeurs.

Les shérifs et les régistrateurs qui refusent d'agir sont passibles d'une pénalité de £50. Toute autre personne à qui le writ est adressé encourt aussi la même pénalité, à moins qu'elle ne soit exempte de servir et qu'elle ne reclame son exemption, dans les deux jours après avoir reçu le writ.

(*a*) Ce mot signifie *division, subdivision, district etc.*

(*b*) Le mot *poll* tiré de l'anglais est employé en français pour signifier le lieu où l'on enrégistre les votes à une élection.

Devoirs des Officiers-Rapporteurs.

En recevant le writ d'élection l'officier-rapporteur doit écrire sur le dos la date de sa réception, et huit jours après cette date il doit publier en langue française et en langue anglaise une proclamation fixant le jour et l'heure auxquels l'élection devra avoir lieu; cette proclamation doit être affichée, si c'est dans une ville, aux places les plus fréquentées de chaque quartier et à la porte d'au moins une église ; si c'est dans un comté, à l'endroit le plus public et le plus central de chaque paroisse, township, division de paroisse ou de township, et à la porte d'une église au moins. Dans le Haut-Canada, la proclamation écrite en anglais seulement doit être affichée à l'hôtel de ville et à l'endroit le plus fréquenté de chaque township ou quartier. Cette proclamation doit être affichée au moins huit jours avant le jour fixé pour l'élection. La place désignée pour la réunion des électeurs doit être aussi centrale que possible et cette réunion doit avoir lieu entre onze heures de l'avant-midi et deux heures de l'après-midi.

Ce jour est ce qu'on appelle le jour de la nomination.

Par la proclamation l'officier-rapporteur fixe le jour où s'ouvrira le poll dans chaque localité, dans le cas où les électeurs ne seraient pas d'accord sur le choix d'un candidat.

Avant le jour fixé pour la nomination l'officier-rapporteur doit faire serment devant un juge de paix de remplir son devoir avec impartialité et sans crainte ni faveur. Le juge de paix lui remet un certificat constatant qu'il a prêté le serment requis. Ce certificat ainsi que le serment doivent être annexés au rapport que l'officier-rapporteur fait plus tard du writ d'élection.

Du Clerc d'Election.

Avant le jour de la nomination l'officier-rapporteur doit se nommer un clerc d'élection chargé de l'assister dans l'exécution de ses devoirs. Celui qui refuserait cette charge encourrait une pénalité de £10. En cas de refus, de maladie, ou d'absence, il est loisible à l'officier-rapporteur de nommer un autre clerc d'élection.

Le clerc d'élection est obligé de remplacer l'officier-rapporteur lorsque celui-ci devient par maladie ou autrement incapable d'agir; il est alors revêtu de tous ses pouvoirs et soumis à toutes ses obligations, quand même il ne serait pas qualifié pour être officier-rapporteur. Il n'est pas obligé de prêter de nouveaux sermens, mais il doit annexer au rapporteur du writ d'élection le serment qu'il a souscrit comme clerc d'élection ainsi que le certificat de la personne qui l'a assermenté.

Nomination.

Au tems fixé pour la nomination, l'officier-rapporteur se rend au *hustings* (*a*) lequel doit être en plein air et dans un endroit accessible aux électeurs. Là, après avoir commandé le silence, il lit ou fait lire publiquement le writ d'élection qui lui a été envoyé, ainsi que sa commission d'officier-rapporteur s'il a été nommé par commission spéciale ; il requiert ensuite les électeurs présens de nommer la personne dont ils désirent faire choix pour les représenter dans l'assemblée législative. Si les électeurs sont d'accord, et si, après la levée des mains, personne ne demande un poll, l'officier-rapporteur doit clore l'élection, et proclamer dûment élue la personne ainsi choisie.

Mais si on demande un poll, ce qu'a droit de faire tout électeur alors présent ou tout candidat soit par lui-même soit par un agent, l'officier-rapporteur doit accorder ce poll, sous peine de nullité de l'élection et d'une pénalité de £200.

Ouverture et Tenue du Poll.

Un poll séparé doit se tenir dans chaque paroisse, township, ou quartier, division de paroisse ou de township, à l'endroit le plus accessible à la masse des électeurs. Il peut se tenir en plein air ou dans quelqu'édifice contigu au grand

---

(*a*) Ce mot s'emploie aussi en français pour indiquer le lieu où se prennent les votes.

chemin, pourvu que ce ne soit pas dans une auberge ou maison d'entretien public. Personne ne peut voter ailleurs qu'au poll de la place où est située la propriété qui le qualifie.

Dans la ville de Montréal, l'officier-rapporteur doit nommer trois places de poll dans chacun des quartiers Ste. Anne, St. Antoine, St. Laurent, St. Louis, St. Jacques et Ste. Marie; la même chose à Québec pour les quartiers St. Roch et St. Jean. Chacune de ces places de poll doit avoir un député-officier-rapporteur. Les places doivent être fixées par l'officier-rapporteur dans l'endroit qui lui semblera le plus accessible à la majorité des électeurs du quartier. Un électeur qualifié à voter dans un quartier peut voter à l'une ou à l'une des trois places. Les quartiers de ces villes demeureront, pour les fins des élections, bornés et divisés comme ils le sont aujourd'hui, quand même ils seraient changés pour les fins municipales.

Pour qu'une paroisse ou une partie de paroisse ait droit à avoir un poll il faut qu'elle contienne au moins 100 propriétaires qualifiés; sans cela les électeurs qui se trouvent dans ces localités peuvent voter au poll qu'il leur plait pourvu que ce soit dans le comté.

L'officier-rapporteur, après avoir accordé le poll, doit nommer et proclamer publiquement le jour déjà fixé dans sa première proclamation pour l'enrégistrement des votes, ainsi que les endroits où se tiendront les différens polls. Pas moins de six jours et pas plus de dix doivent s'écouler entre le jour de la nomination et le jour fixé pour l'ouverture des polls.

Le jour de l'ouverture du poll ne doit pas être un dimanche ni un jour de fête d'obligation. Il doit être ouvert pendant deux jours, depuis 9 heures du matin jusqu'à 5 heures du soir.

Députés-Officiers-Rapporteurs et Clercs de Poll.

Pour prendre les votes l'officier-rapporteur doit se nommer un député à chaque poll. Une personne qui refuserait d'accepter cette charge ou de prêter le serment requis serait passible d'une pénalité de £25.

Chaque député-officier-rapporteur se nomme un clerc de poll qui doit l'aider à prendre les votes. Celui-ci encourt, en cas de refus, une pénalité de £10. Tous deux prêtent serment de bien remplir leurs devoirs, et ont droit d'exiger un certificat à cet effet.

Le clerc de poll doit remplacer le député-officier-rapporteur dans le cas où celui-ci devient incapable d'agir. Dans ce cas, il peut se nommer un clerc de poll.

Dans le Haut-Canada, l'officier-rapporteur doit se nommer pour député le greffier du township, ou à son défaut l'asseyeur ou le collecteur de ce township.

Qualification des Electeurs.

Pour être admis à voter à une élection, il faut posséder " pour son propre usage et bénéfice, en qualité de propriétaire, en vertu d'un titre légal, translatif de propriété,soit en *fee simple* (*a*) ou en *freehold* (*b*) sous la tenure de franc et commun soccage, soit en fief ou en roture, ou en franc-alleu, ou par certificat obtenu sous l'autorité du gouverneur et conseil de la ci-devant Province de Quebec, ou en vertu d'un acte ou d'actes de la législature de la ci-devant province soit du Haut ou du Bas-Canada, ou de la législature du Canada," une terre ou un bien-fonds de la valeur annuelle de £2 4 5$\frac{1}{4}$ et situé dans le comté ou riding, (si c'est à une élection de comté ou de riding) et un lot de terre avec une maison habitable de la valeur annuelle de £5 11 1$\frac{1}{4}$, situé dans les limites de la ville ou de sa banlieue (si c'est à une élection de ville) en sus des rentes annuelles, rentes constituées ou autres charges dont ces biens peuvent être affectés.

(*a*) (*b*) *Le fee simple* et le *freehold* sont deux tenures anglaises : le *freehold* repond assez bien au franc-alleu français, c'est une terre franche ; le *fee simple* est une terre soumise à quelques conditions ou servitudes ; ces termes ne peuvent s'appliquer aux terres concédées dans les seigneuries.

Il faut qu'il possède cette propriété depuis au moins six mois,à moins qu'elle ne lui soit venue par succession ou héritage, ou par legs, mariage, ou contrat de mariage, ou à moins que le titre de transport ou patente de la couronne, en vertu duquel il se prétend propriétaire de tel bien dans le Haut-Canada n'ait été enrégistré trois mois avant la date du dit writ d'élection.

Tout écrit ou instrument contenant une promesse de vente doit être considéré comme un titre légal dans le Bas-Canada, tant pour les élections des villes que pour celles des comtés, mais si cet écrit n'est pas fait pardevant notaires il faut qu'il soit enrégistré au moins douze mois avant l'élection.

Pour qu'un électeur, dans le Haut-Canada, puisse voter, en vertu d'un transport fait à son épouse après le mariage, il faut qu'il possède la propriété qui le qualifie depuis au moins six mois ou que ce transport ait été enrégistré au moins trois mois avant l'élection.

Les locataires dans les villes ne peuvent voter s'ils n'occupent depuis au moins un an une maison située dans les limites de la ville ou de la banlieue, et ne payent un loyer de £11 2 2½ par année, et aucun locataire ne peut voter avant d'avoir payé cette somme de £11 2 2½ comme loyer.

Ceux qui n'ont qu'une boutique, un comptoir, ou un bureau n'ont pas droit de voter.

Celui qui change de résidence à la veille de l'élection doit voter au lieu de sa nouvelle résidence.

Les occupans d'une maison fournie par le gouvernement ou par des corporations n'ont pas droit de voter à moins qu'ils n'aient payé de bonne foi cette somme de £11 2 2½ comme loyer.

Celui dont la propriété serait située partie dans un comté et partie dans un autre pourrait voter où il voudrait. Mais il ne pourrait voter à une élection de ville à moins que sa maison ne fût entièrement située dans les limites de cette ville. Aucun électeur ne peut voter dans un comté, à raison d'une propriété située dans une ville.

4

Dans le Bas-Canada, lorsqu'une personne a la propriété d'un bien-fonds dont un autre a l'usufruit, l'usufruitier seul a le droit de voter.

Ceux qui possèdent conjointement une propriété peuvent voter pourvu que la part de chacun soit égale au montant exigé de tout autre propriétaire.

Lorsqu'une propriété appartient à une compagnie ou société incorporée, aucun des actionnaires n'a le droit de voter.

Il faut aussi pour voter être né sujet britannique ou s'être fait naturaliser, et avoir atteint l'âge de 21 ans. Les femmes n'ont pas le droit de voter.

Les membres du clergé peuvent voter lorsqu'ils ont la qualification requise.

Enrégistrement des Votes—Formalités.

L'officier-rapporteur doit, avant l'élection, adresser à chacun de ses députés, un *warrant* (*a*) lui enjoignant d'ouvrir le poll à tel endroit, à telle heure, et d'y prendre les votes des électeurs.

Le clerc de poll doit indiquer dans le livre, le nom, la résidence et l'état de chaque électeur, mentionner s'il est propriétaire ou locataire, s'il a prêté serment et quel serment il a prêté. Avant de remettre le livre à l'officier-rapporteur il doit jurer qu'il a tenu ce livre correctement et au meilleur de son jugement.

On peut faire donner à tout électeur la description de la propriété qui le qualifie—la désignation doit être entrée au long dans le livre si un candidat le demande. On peut lui faire attester sous serment la valeur de sa propriété ou la valeur de son loyer; son âge; on peut aussi lui faire jurer qu'il n'a pas déjà voté à cette élection et qu'il n'a rien reçu pour l'engager à voter. Si quelqu'un refusait de prêter ces sermens son vote pourrait être refusé.

(*a*) Terme anglais qui signifie aussi *mandat*, *ordre*, etc.

Toute personne qui vote sans être qualifiée encourt une pénalité de £10, et celui qui vote plus d'une fois encourt aussi la même pénalité.

Maintien de la Paix.

L'officier-rapporteur, du moment qu'il a prêté son serment d'office jusqu'au lendemain de la clôture de l'élection est regardé comme conservateur de la paix pour l'arrestation et la conviction de ceux qui troublent l'ordre. Il peut à cet effet requêrir l'assistance des juges de paix, constables, etc.

A la demande d'un candidat ou de deux électeurs il est obligé d'assermenter des constables spéciaux.

Les officiers-rapporteurs ont le pouvoir de se faire remettre toute espèce d'armes que porte une personne, celle-ci doit obéir sur-le-champ sous peine d'une amende de £5 ou d'un emprisonnement de trois mois.

Aucune personne armée ne doit s'approcher à deux milles du poll; aucun étranger ne doit paraître armé dans une paroisse, township, etc., où se tient un poll.

On ne peut porter aucun pavillon, étendard, cocarde ou ruban pendant les huit jours qui précèdent l'élection.

Celui qui se rendrait coupable de quelqu'une de ces offenses serait passible d'une amende n'excèdant pas £25 ou d'un emprisonnement n'excèdant pas six mois.

Dispositions contre la Corruption.

Les candidats à une élection ne doivent faire aucune promesse d'argent, de places, récompenses, etc.; ils ne doivent faire aucune menace; n'ouvrir aucune maison d'entretien public, sous peine, si la chose était prouvée, de la nullité de leur élection.

Ceux qui reçoivent des dons ou récompenses, soit directement, soit indirectement, pour prix de leur vote, encourrent une pénalité de £5 à £50.

Il est aussi défendu de *traiter* les électeurs, hormis qu'on le fasse à sa propre résidence.

Clôture de l'Election.

Lors de la nomination, l'officier-rapporteur, après avoir fixé le jour et l'heure où s'ouvriront les polls, doit ajourner ses *procédés* jusqu'à un jour par lui désigné, qui doit être un des dix jours après l'ouverture des polls. Ce jour s'appelle le jour de la " clôture de l'élection."

Au jour et à l'heure fixés pour la clôture de l'élection, l'officier-rapporteur doit se rendre au lieu où il avait ouvert l'élection, et là, en présence des électeurs, s'assurer de l'état général des polls, en additionnant les votes enrégistrés à chaque poll. Aussitôt qu'il a fait ce calcul il proclame à haute voix, comme dûment élue, la personne qui a obtenu la majorité des suffrages, Cela ne peut avoir lieu tant que tous les livres de poll n'ont pas été rapportés. S'il manque un livre, l'officier-rapporteur doit ajourner de jour en jour jusqu'à ce que le livre soit rapporté. S'il arrivait qu'un des livres fût volé, perdu ou déchiré, il est du devoir du député-officier-rapporteur qui avait la garde de ce livre de se rendre auprès de l'officier-rapporteur et de lui communiquer le fait de la perte du livre ; le clerc de poll doit aussi se rendre auprès de l'officier-rapporteur. Celui-ci les examine sous serment sur le contenu du livre ; il doit prendre leurs réponses par écrit, les leur faire signer, et les annexer à son rapport ; les votes que chaque candidat a reçu d'après ce témoignage doivent être ajoutés aux votes des autres livres. Le député-officier-rapporteur ou le clerc du poll qui refuserait de se conformer à cette injonction de la loi serait passible d'une pénalité de £50 et pourrait être envoyé en prison jusqu'à ce qu'il plût à l'assemblée législative de l'en faire sortir.

Ce qui doit être fait après la clôture de l'Election.

Aussitôt que l'élection a été close et qu'une personne a été proclamée élue, l'officier-rapporteur doit signer et faire signer par au moins trois électeurs un acte (indenture) par lequel ces électeurs reconnaissent avoir choisi un tel pour représenter le comté (ou la ville, suivant le cas) dans l'assemblée législative. Une copie de cet acte doit être transmise au greffier de la couronne en chancellerie avec le writ de l'élection.

L'officier-rapporteur doit aussi, dans les dix jours qui suivent la clôture de l'élection faire des copies fidèles de tous les livres de poll et les déposer dans le bureau du régistrateur; et toute personne a droit, en payant un chelin d'honoraire, de les examiner et d'en prendre copie.

L'officier-rapporteur doit aussi transmettre les originaux des livres de poll, avec le writ d'élection et son rapport, au greffier de la couronne en chancellerie, durant les quinze jours après la clôture de l'élection. Ces livres de poll avec les certificats et les affidavits dont ils sont accompagnés font preuve, *primâ facie*, de la vérité des faits qui y sont allégués.

DU CONSEIL LÉGISLATIF.

Le conseil législatif forme la seconde branche de la législature.

Par l'Acte d'Union la Reine peut autoriser le gouverneur à appeler de tems à autre des membres au conseil législatif.

Les conseillers législatifs sont nommés au nom de la Reine par un instrument sous le grand sceau de la province.

Le nombre des membres de cette chambre n'est pas limité, mais il ne doit pas être de moins de 20.

Pour être nommé conseiller législatif, il faut avoir atteint l'âge de 21 ans, être né sujet anglais ou avoir été naturalisé soit en Angleterre soit en Canada.

Les conseillers législatifs sont nommés pour la vie; mais leurs sièges deviennent vacans lorsqu'ils s'absentent sans permission pendant deux sessions consécutives, ou lorsqu'ils deviennent citoyens d'un pays étranger, ou qu'ils sont banqueroutiers, ou défalcateurs publics, ou convaincus de quelque crime infamant. Ils peuvent aussi résigner leurs siéges quand ils le jugent à propos.

Le conseil législatif se réunit en session en même tems que l'assemblée législative. Ses séances ont lieu sous la présidence d'un orateur nommé par le gouverneur et qui peut être destitué et remplacé à volonté.

Le conseil législatif est censé représenter en Canada ce qu'on appelle la chambre des lords en Angleterre. Il y a analogie dans le droit qu'ont ces deux branches de participer à la passation des lois. Mais le conseil législatif ne forme pas, comme la chambre des lords, la cour suprême de judicature à laquelle est référée en dernier ressort la décision finale de toutes les causes civiles. Il n'est pas non plus le tribunal devant lequel les fonctionnaires publics peuvent être accusés.

Les lords en Angleterre jouissent aussi de certains privilèges personnels que n'ont pas les conseillers législatifs; par exemple, ces derniers n'exercent pas le droit de voter par procuration, de donner leur parole d'honneur au lieu de serment etc., comme font les lords en Angleterre.

La division du pouvoir législatif dans ce pays n'a pas autant d'avantages et n'est pas aussi indispensable qu'en Angleterre, parce qu'ici les membres du conseil législatif ne représentent point les intérêts d'une noblesse ou d'une classe spéciale; on pourrait même dire que les membres du conseil représentent les mêmes intérêts que les membres de l'assemblée, pris collectivement. Le seul avantage que la législature puisse retirer de l'existence de ce corps est qu'elle rend peut-être les délibérations plus lentes et par conséquent plus sujettes à être contrôlées par l'opinion publique qui peut trouver ainsi le tems et l'occasion de se faire jour par des requêtes et d'autres représentations.

Il a déjà été question dans la presse et même dans les débats parlementaires de remodeler cette branche de la législature et d'en rendre les membres électifs.

Jusqu'à présent les membres du conseil législatif n'ont reçu aucune indemnité, leurs services doivent être donnés gratuitement.

DU GOUVERNEUR,

COMME PARTIE DU POUVOIR LÉGISLATIF.

Le gouverneur du Canada est regardé comme le représentant de la couronne dans cette province. Il est nommé par le gouvernement impérial qui le rappelle et le remplace à volonté.

Le gouverneur forme une des branches du pouvoir législatif. Les *bills* (*a*) passés par l'assemblée et le conseil législatif doivent être sanctionnés par lui, ou par la Reine, avant de devenir lois.

Il peut refuser sa sanction et réserver les bills au bon plaisir de sa majesté.

C'est le gouverneur qui ouvre et qui ferme chaque session de la législature. Il se rend alors en personne dans la salle des séances du conseil législatif et prononce dans les langues anglaise et française ce qu'on appelle le discours du trône. Quelquefois, durant les sessions, il se rend au conseil législatif pour y sanctionner les bills passés par les deux chambres.

Lorsqu'il ne peut s'acquitter de cette fonction, soit par maladie ou pour d'autres raisons, il se fait nommer un député-gouverneur qui le remplace pour la circonstance.

Le gouverneur n'a pas le pouvoir de donner la sanction royale aux bills qui affectent les droits de la couronne et du clergé. Ils doivent être mis devant les chambres du parlement impérial qui peut, dans les trente jours qui suivent, s'adresser à la Reine pour la prier de refuser sa sanction à tels bills.

Le gouverneur a le droit de convoquer, proroger, et dissoudre, quand il lui plait, les deux chambres du parlement.

Le gouverneur du Canada est gouverneur général de toutes les colonies anglaises de l'Amérique du Nord et comman-

(*a*) Le mot *bill* est dérivé par contraction du vieux mot latin *libellula*, diminutif de *liber*, un livre. Ce mot est anglais; en France on se sert du mot de " projet de loi."

dant en chef de toutes les forces militaires réunies dans ces différentes provinces.

En cas de mort ou d'absence, il est remplacé par le commandant des forces.

DU PARLEMENT,

OU DES TROIS BRANCHES DE LA LÉGISLATURE RÉUNIES.

Le mot "parlement" signifie une assemblée d'hommes réunis pour conférer ensemble, et c'est le terme général dont on se sert dans ce pays pour désigner la réunion du gouverneur, du conseil législatif et de l'assemblée législative pour l'exercice de leurs pouvoirs conjoints. Le mot "législature" s'applique au parlement considéré plus particulièrement comme corps chargé de faire les lois.

Les pouvoirs de la législature à cette fin sont, pour ainsi dire, sans bornes. Elles peut faire les lois, les abroger, les étendre, les expliquer, régler tout ce qui concerne les affaires civiles, criminelles, financières, commerciales, agricoles etc.

Pour cela le parlement doit être convoqué au moins une fois chaque année. La session dure ordinairement de trois à quatre mois.

Le gouverneur proroge le parlement de quarante jours en quarante jours par une proclamation publiée dans la gazette officielle. Ce n'est que lorsque la proclamation se termine par les mots " pour la dépêche des affaires" que les membres de l'assemblée et du conseil législatif doivent, d'après une entente admise, se rendre au siége du gouvernement au jour fixé par la proclamation.

A l'ouverture de la session qui suit chaque élection générale, les membres de l'assemblée, après avoir prêté le serment d'allégeance entre les mains du greffier, font choix d'un d'entr'eux pour être orateur durant toute la durée de ce parlement, c'est-à-dire, jusqu'aux élections générales suivantes.

L'orateur préside aux séances de l'assemblée. Il maintient l'ordre et les règles de la chambre, à laquelle il sert d'organe dans toutes les circonstances. Il est le grand fonctionnaire de l'assemblée et l'arbitre dans toutes les difficultés de procédures et de forme qui s'y élèvent.

Après son élection il se rend suivi de tous les membres à la salle du conseil législatif. Là, il reclame les priviléges de la chambre. Pendant le cours des sessions, ses devoirs sont de prendre le fauteuil lorsqu'il y a un nombre suffisant de membres, de rapporter à l'assemblée les discours du gouverneur, etc. Il ne peut prendre part aux délibérations. Une règle de la chambre l'empêche aussi de voter en comité général. Il peut à la rigueur y parler, mais depuis l'Union les orateurs s'en sont abstenus, excepté dans des cas personnels.

Il doit se montrer impartial et même lorsqu'il est appelé à décider une question d'ordre, il doit se contenter d'exposer la règle relative à la circonstance, sans faire de commentaire. Il ne peut voter que dans le cas d'une égale division des voix ; il a alors une voix prépondérante. Lorsqu'il est obligé de s'absenter par maladie ou autrement on le remplace par un orateur *pro tempore.*

Pendant les vacances il doit faire sortir des *warrants* pour l'élection de membres en remplacement de ceux dont les siéges sont devenus vacans.

L'initiative des votes d'argent et des mesures qui peuvent affecter, pour ou contre, le domaine et les revenus publics, appartient à la couronne ; cette initiative est exercée au moyen d'une déclaration formelle du consentement du gouverneur faite dans chaque chambre par un conseiller exécutif ; dans des cas importans ou nouveaux un message écrit est transmis. Mais le droit d'accorder l'argent et d'en diriger l'emploi est un des principaux priviléges des membres de l'assemblée.

Leurs autres priviléges les plus importans sont la liberté de parole, le droit exclusif de prendre en considération la validité des élections de leurs collègues et de les chasser pour offenses contre la chambre, de ne pouvoir être arrêtés pour dette durant la session; d'être exempts de servir comme conseillers municipaux ou comme commissaires d'écoles etc.

Les conseillers législatifs jouissent de ces deux derniers priviléges, ainsi que de la liberté de parole. Ils ont aussi le droit d'enrégistrer leurs protêts dans les régîtres du conseil lorsqu'ils diffèrent sur quelques mesures avec la majorité de leurs collègues.

Les règles les plus générales des délibérations sont: que personne ne doit parler plus d'une fois sur la même question, excepté pour donner des explications ou faire une motion (*a*) ou lorsque la chambre siége en comité géneral; celui qui parle doit être découvert et s'adresser à l'orateur; les conseillers législatifs s'adressent à leurs collègues. Quand plusieurs membres se lèvent à la fois pour parler, l'orateur nomme celui qui doit parler le premier. Quand un membre s'écarte de la question, il est du devoir de l'orateur de l'appeler à l'ordre. S'il met le désordre dans l'assemblée l'orateur peut l'interpeller en le nommant et le membre doit se taire immédiatement, sinon il peut être placé sous la garde du sergent d'armes.

Tout membre peut, quand il lui plait, faire vider les galeries.

Tout membre présent lorsqu'une question est mise aux voix, doit voter, excepté lorsqu'il est intéressé dans la question.

Lorsqu'il y a un vote sur une question, le greffier doit, à la demande de deux membres, enrégistrer les noms de ceux qui votent pour et de ceux qui votent contre.

Ordre des séances.—Bills.—Pétitions, etc.

Immédiatement après la lecture des minutes de la séance précédente, les membres qui ont des pétitions à présenter sont invités à le faire. Ils les présentent debout, et de leur place.

(*a*) *motion* est un terme générique pour exprimer toute sorte de propositions soumises à une assemblée. Ce mot, anglais d'origine, avait été adopté en France, mais on l'a remplacé par celui de " proposition."

Ils les font lire un jour subséquent; si elles ont rapport à un sujet dont le gouvernement exécutif ne s'attribue pas la direction, ils font motion qu'elles soient référées, soit à un comité spécial, soit à un des comités permanens. Ce comité fait son rapport dans le cours de la session.

Les pétitions qui précèdent l'introduction des bills privés doivent être présentées ordinairement dans les quinze premiers jours de la session; et les pétitions contre ces bills doivent être présentées immédiatement après la première lecture des bills.

Les causes des plus ordinaires qui empêchent les pétitions d'être reçues sont: le défaut de date, les ratures, les interlignes, le défaut de signatures, ou lorsque les signatures sont toutes de la même écriture, ou, ce qui arrive souvent, lorsque les signatures, au moins un certain nombre ne sont pas sur le même papier que la fin de la pétition.

Avant de présenter une pétition pour la passation d'un bill accordant le privilége de construire un pont, ou pour bills semblables, il faut qu'il en ait été donné avis deux mois d'avance dans les journaux, et à la porte de l'église de la paroisse, que les taux de passage y soient mentionnés et qu'il soit donné une description abrégée du pont ou autre ouvrage qu'on se propose de construire (*a*)

On appelle *bill* un projet de loi présenté aux chambres pour recevoir les amendemens qu'elles pourraient juger à propos d'y faire.

Il y a deux sortes de bills: les bills publics qui regardent tout le pays ou toute une classe du public, et les bills privés qui ont un objet local, personnel ou spécial. Il y a quelque différence dans la manière de passer ces bills.

Les bills privés doivent être précédés d'une pétition et sont ordinairement présentés dans les 24 premiers jours de la session. Avant la seconde lecture du bill, la somme de £20 doit être déposée entre les mains du greffier pour payer les

(*a*) Voir dans l'appendice les " extraits des règles concernant les bills privés ou locaux."

frais d'impression. Après la seconde lecture le membre qui conduit la mesure fait ordinairement motion que le bill soit soumis à un comité spécial ou à un des comités permanens qui le rapporte quelques jours après avec ou sans amendemens. Le rapport du comité est présenté, et le moteur du bill peut faire motion qu'il soit adopté. S'il y a des amendemens ils sont lus à la chambre qui est libre de les adopter ou de les rejeter. Le moteur du bill fait ensuite fixer un jour pour la troisième lecture, ou bien elle se fait d'ordre, aussitôt que le bill est grossoyé, c'est-à-dire, écrit sur parchemin.

Les bills publics sont ordinairement précédés d'un avis donné par l'auteur de la mesure. Ils doivent, de même que les bills privés, subir trois lectures, à trois jours différens. Après la seconde lecture, le bill est référé à un comité général de toute la chambre, qui discute chaque clause et fait ensuite son rapport. Ce comité peut siéger plusieurs fois sur la même mesure. C'est un membre désigné par l'orateur qui préside au comité, en s'asseyant à la place du greffier. Après l'adoption du rapport du comité par la chambre, la troisième lecture est fixé de la même manière qu'à l'égard des bills privés.

Ceux qui s'opposent au principe même d'un bill le font avant la seconde lecture. Ceux qui ne s'opposent qu'aux détails de la mesure attendent qu'elle soit discutée en chambre ou en comité pour suggérer des amendemens.

Les bills qui affectent le revenu public doivent être précédés de résolutions adoptées par la chambre.

Les bills d'argent, de douanes, tous ceux qui concernent le revenu ou les dépenses de la province, ceux qui ont rapport aux améliorations, aux chemins, aux limites de paroisse, aux octrois de terres etc. doivent prendre naissance dans l'assemblée.

Les bills qui peuvent affecter le conseil législatif ou les deux chambres, les bills d'*attainder* et quelques autres doivent prendre naissance au conseil législatif.

Les bills de naturalisation, et quelques autres, peuvent être présentés dans l'une ou l'autre chambre.

Il y a beaucoup de règles par rapport à l'introduction des bills et aux différentes phases qu'ils doivent subir avant de devenir lois, il serait trop long de les énumérer.

Lorsqu'un bill a été grossoyé et lu pour la troisième fois, l'orateur demande à la chambre, en le montrant, si elle veut qu'il passe. Si elle y consent, l'orateur ordonne au moteur du bill de le porter au conseil législatif, pour le prier d'y donner son consentement : ce membre qui se fait accompagner, dans les cas importans, de plusieurs de ses collègues, s'arrête à la barre de la chambre du conseil, et présente le bill à l'orateur qui descend de sa place pour aller le recevoir.

Le bill doit encore passer par trois lectures dans le conseil et y être pris en considération de la même manière que dans l'assemblée. S'il est rejeté on n'en parle plus. S'il est adopté le conseil envoie un message à l'assemblée l'en informer, et le bill reste au conseil. S'il a été fait des amendemens le bill est renvoyé à l'assemblée pour que les amendemens soient acceptés. Si elle refuse, une conférence s'en suit entre un certain nombre de membres députés par chaque chambre, lesquels ajustent ordinairement le différend. Si l'assemblée accepte les amendemens elle envoie un message pour faire connaître cette détermination au conseil.

Les mêmes formalités à peu-près s'observent lorsque les bills commencent dans le conseil.

Quand un bill est passé dans les deux chambres, il reste au conseil, excepté les mesures financières qui sont envoyées à l'assemblée.

Le gouverneur se rend de tems à autre à la salle du conseil législatif pour y sanctionner les bills passés par les deux chambres. Il fait mander à la barre les membres de l'assemblée, et en leur présence, il donne sa sanction, au nom de la reine, ou bien il réserve les mesures pour la signification du plaisir de sa majesté. Il a même le droit de refuser sa sanction.

La reine a deux ans pour sanctionner les bills réservés à son bon plaisir ou désavouer aux qui ont reçu la sanction du gouverneur. Ces derniers actes deviennent nuls du moment que le gouverneur a fait connaître aux deux chambres cette désapprobation.

Les bills qui affectent les droits de la couronne et du clergé doivent être soumis aux deux chambres du parlement d'Angleterre pendant au moins trente jours, et si dans l'espace des trente jours, une des deux chambres demande le rejet de ce bill, la reine ne peut lui donner sa sanction.

Des Comités.

On appelle " comité" un certain nombre de membres choisis pour prendre en considération des affaires qui leur sont soumises et en faire rapport à la chambre.

Il est d'usage de nommer au commencement de chaque session des comités permanens sous les noms de : comité des priviléges et élections, comité des lois expirantes, comité des bills privés, comité des ordres permanens, comité des impressions, comité des dépenses contingentes, comité des télégraphes et des chemins de fer etc. Outre ces comités il est d'usage d'en nommer d'autres appelés comités spéciaux auxquels sont référées certaines mesures qu'ils doivent prendre en considération.

Ces comités ont des bureaux particuliers où ils s'assemblent entre les séances. Ils se choisissent un président, et la chambre leur accorde autant d'écrivains qu'il est nécessaire.

On appelle comité général une réunion de tous les membres de la chambre. Les discours et les messages du gouverneur lui sont ordinairement référés. L'orateur n'occupe pas le fauteuil alors ; c'est un membre nommé par lui qui préside. En comité général chaque membre a droit de parler aussi souvent qu'il le désire.

Le conseil législatif établit aussi des comités généraux et spéciaux.

Des Officiers et Employés des Chambres.

Les principaux officiers du conseil législatif sont : 1° Un

greffier, qui siége près de la table devant l'orateur et dont le devoir est d'enrégistrer les procédés du conseil ; il a sous lui deux assistans qui à présent ont en même tems le titre de maîtres en chancellerie ; 2° Un chapelain qui est en même tems gardien de la bibliothèque. 3° Un traducteur français et plusieurs clercs ou copistes. 4° Un huissier de la verge noire, ainsi nommé parce qu'il porte à sa main une verge noire surmontée d'un lion d'or ; il assiste au conseil, en dehors de la barre. 5° Un sergent d'armes.

Les principaux officiers et employés de l'assemblée sont : 1° Un greffier dont le devoir est d'enrégistrer fidèlement tout ce qui se passe dans la chambre, de rédiger les journaux, signer les bills, et les ordres de la chambre. Il a le choix de ses assistans et des copistes qui sont en grand nombre. 2° Un traducteur anglais qui agit en même tems comme greffier en loi, et qui est pourvu d'un assistant. 3° Un traducteur français et trois assistans. 4° Un greffier de la couronne en chancellerie qui est chargé principalement des writs du parlement. 5° Un sergent d'armes qui siége près de la porte et qui déplace et replace de tems à autre la masse, symbole de la puissance du parlement. C'est lui qui arrête les personnes qui se rendent coupables de quelqu'offense envers le parlement. Il est aussi d'usage d'envoyer le sergent d'armes avec la masse dans les chambres voisines pour rassembler les membres lorsque les affaires le requièrent. 6° Enfin il y a un messager en chef et plusieurs portiers et commissionnaires dont les uns sont permanens, les autres temporaires.

LISTE CIVILE.—SUBSIDES.—REVENUS ET DÉPENSES DE LA PROVINCE.

Pour que chacun puisse vaquer tranquillement à ses affaires privées et que sa vie et ses biens soient en sureté, il est nécessaire qu'un certain nombre d'hommes soient nommés pour conduire les affaires publiques ; mais ces hommes doivent être payés de leurs services par toute la société qui participe au bénéfice de leur surveillance.

Chaque année le peuple, par la bouche des ses représentans, vote une certaine somme d'argent pour subvenir à ces dépenses. C'est ce que l'on appelle *subsides.*

Dans des circonstances extraordinaires, comme lorsque le peuple est mécontent des officiers publics, ou lorsqu'il a des raisons bien graves, les représentans refusent de voter les subsides. Ces employés se trouvant sans argent ne peuvent rien entreprendre de préjudiciable au pays.

Mais comme dans ces circonstances, la constitution pourrait être entièrement renversée et toutes les affaires jetées dans la confusion, il est d'usage en Angleterre d'accorder au commencement de chaque règne une certaine somme au souverain pour payer les juges et les dépenses du gouvernement exécutif. Cette somme est trop faible pour permettre au souverain de tenter des usurpations, et elle cesse à la fin du règne. Avant d'accorder une nouvelle somme au commencement du règne suivant le peuple corrige les abus qui ont existé sous le règne précédent, et il ramène la constitution à ses principes. C'est ce que l'on appelle la *liste civile.*

En 1778, le parlement d'Angleterre passa un acte par lequel il renonçait formellement au droit de taxer les colonies, pour aucune autre fin que pour le règlement du commerce. Encore le produit de ces taxes devait-il être mis à la disposition de leurs législatures. Cependant, ce même parlement de la mère-patrie crut devoir, en 1840, approprier par l'Acte d'Union une somme de £45,000 pour être payée permanemment, et une autre de £30,000 pour être payée durant la vie de la reine et les cinq années suivantes; ce qui fesait une somme de £75,000 qui devait être prise chaque année à même le revenu de la Province du Canada, sous le nom de liste civile.

La somme de £45,000 appropriée permanemment devait être employée à payer le salaire du gouverneur et les dépenses de l'administration de la justice dans le Haut et le Bas-Canada.

La somme de £30,000 votée pour tout le règne de la reine et les cinq années suivantes devait servir à payer les dépenses des principaux bureaux publics.

L'assemblée du Canada reclama, à plusieurs reprises, comme droit appartenant aux représentans du peuple, le droit de décider primitivement de tous votes d'argent. Le gouvernement impérial consentit enfin en 1845 à effacer de l'Acte d'Union la clause qui appropriait l'argent de la province, sans le consentement de ses représentans, à la condition toutefois que l'assemblée voterait elle-même une liste civile permanente. Quoique cette concession soit loin d'être tout ce que des sujets anglais ont droit d'exiger, elle ne laisse pas d'être une reconnaissance du grand principe constitutionnel que l'initiative des votes d'argent appartient aux représentans du peuple seuls.

Le 18 mai 1846 l'assemblée vota une nouvelle liste civile, et la gazette du Canada annonça par proclamation en date du 16 octobre 1847 que la reine avait sanctionné l'acte passé dans notre parlement.

Dépenses de la Province.

Les dépenses de la province pour 1850 sont estimées à £611,394 0 10.

Sur cette somme £75,000 sont mis de côté pour aider à amortir la dette provinciale.

L'intérêt seul de cette dette se monte à £200,000.

Le montant de la liste civile est de £73,884 11 4.

En outre, £50,000 sont accordés pour des écoles communes ; £8000 pour les sociétés d'agriculture ; 10,000 pour l'indemnité des membres pendant la session ; £24,250 pour les frais de l'administration de la justice dans le Haut-Canada ; £2,631 pour aider à l'exploration géologique de la province ; £3,350 pour le salaire des juges de circuit dans le Bas-Canada ; £1,100 pour dépenses relativement à la police dans les villes de Québec et de Montréal ; £750 pour d'autres dépenses relatives à la justice criminelle ; £4,350 pour des pensions de milice ; £400 pour d'autres pensions ; £5,000 pour l'entretien des phares ; £2000 pour les écoles de district dans le Haut-Canada ; £3,532 18 4 pour l'intérêt dû par la direction des chemins à barrières de Québec et de Montréal ; £1111 2 2, pour le loyer du terrain de l'évêché à Québec ; £40 pour la destruction des loups ; £144,143 17 0 pour services auxquels il doit être pourvu pour l'année 1850. Sur cette somme sont payées les dépenses des sessions de la législature qui ne se montent pas à moins de £30,000 à £40,000 par année.

Revenus de la Province.

Le montant des revenus de la province depuis 1840 a varié chaque année entre £400,000 et £500,000. Il est estimé pour 1850 à £628,380.

Ces revenus proviennent de différentes sources dont les principales sont : les droits de douane ; les droits perçus sur les canaux et les autres travaux publics ; les licences d'auberges, de distilleries, d'épiceries, de tables de billards, de colporteurs, de bateaux-à-vapeur ; les licences d'encanteurs et les droits sur les ventes à l'encan ; la revenu territorial ; les droits de phares et de tonnage ; les droits sur les billets de banques ; l'interêt sur les dépôts publics ; l'intérêt sur les prêts pour ouvrages publics ; les saisies, amendes et confiscations ; le revenu casuel etc.

Le revenu des droits de douane consiste dans les droits perçus sur les marchandises de toutes sortes, les grains et les animaux qui passent aux différens ports du Haut et du Bas-Canada. Ce revenu se monte généralement, les frais de perception payés, à plus de £400,000. Il est même estimé pour 1850 à £525,000. Montréal seul fournit plus de £200,000.

Le revenu annuel des licences d'auberges, de distilleries etc., n'a jamais guère dépassé £20,000, et celui des licences d'encanteurs et des ventes à l'encan £8000.

Le revenu territorial comprend les rentes que pàie la compagnie de la Baie d'Hudson (£600 par an) pour l'occupation d'une certaine étendue de pays au nord du St. Laurent avec le droit exclusif d'y faire la chasse et la pêche ; le loyer des lots de grève à Québec loués à différens marchands (entre £500 à £600) ; les droits de quint, les lods et ventes, et les commutations de tenure, le loyer de différentes traverses dans le Haut-Canada ; les recettes provenant des terres de la couronne. Le total du revenu territorial ne dépasse généralement point £25,000. Il n'est estimé qu'à £7,500 pour 1850.

Le revenu des droits de phares et de tonnage est estimé à £1,100 pour 1850.

Le revenu provenant de l'émission de billets de banques consiste dans les droits que les banques sont obligées de payer à proportion du nombre de nouveau billets qu'elles font circuler. Ce revenu varie de £10,000 à £15,000.

Les revenu provenant de l'interêt sur les dépots publics faits aux banques s'élève à £5000 ou £6000. Le produit annuel des amendes est d'environ £1000 ; celui des saisies et confiscations, de £2,000.

Le revenu casuel se compose des honoraires perçus, pour les commissions, les patentes, les lettres de terrier, les licences de mariage, les honoraires des cours de banqueroute, etc. Le tout ne dépasse pas £15,000 par an.

Le revenu provenant des travaux publics est estimé pour 1850 à £50,000.

CHAPITRE SECOND.

DU POUVOIR EXÉCUTIF.

Le pouvoir exécutif est celui qui est chargé de veiller à l'exécution des lois.

Lorsqu'il s'agit d'exprimer sur un objet quelconque une volonté qui n'a pas déjà été exprimée, le gouvernement fait une véritable loi qui ne peut émaner que de la puissance législative ; mais toutes les choses qui sont le résultat, la conséquence, l'exécution, d'une loi déjà faite, d'une volonté primitive, d'une résolution prise par la puissance législative, rentrent dans le cercle des attributions de la puissance exécutive.

Par exemple, il n'y a que la puissance législative qui puisse décider si les taxes seront augmentées ou diminuées ; mais une fois que ces taxes ont été résolues et fixées par la puissance législative, les soins et la surveillance administrative, les règles qu'exigent les opérations de la perception etc., dépendent absolument de la puissance exécutive.

La promulgation des lois appartient aussi à la puissance exécutive.

Le pouvoir exécutif en Canada est entre les mains d'un gouverneur, assisté d'un conseil qu'il se choisit lui-même.

Le pouvoir exécutif en ce pays est en quelque sorte une branche du pouvoir législatif. Le gouverneur, comme représentant de la reine, compose une des branches de la législature ; et les ministres qui le conseillent ont des siéges soit dans l'assemblée, soit au conseil législatif, où ils assistent durant le cours des sessions, pour y expliquer les mesures du gouvernement.

Le pouvoir exécutif doit combiner son action de manière à pouvoir toujours être soutenu par une majorité des deux chambres.

On donne le nom de "conseil" à la réunion des conseillers ; celui de "cabinet" aux conseillers considérés comme corps avisant ; celui de "ministère" aux conseillers considérés comme responsables ; celui "d'administration" aux conseillers en y adjoignant quelquefois d'autres ; et celui de "gouvernement" aux membres de l'administration, y compris le gouverneur.

DU CONSEIL EXÉCUTIF,

SA COMPOSITION.— SES ATTRIBUTIONS.

Le conseil exécutif se compose d'un certain nombre de conseillers choisis par le gouverneur pour l'aider dans l'administration des affaires du pays.

Lorsqu'en conséquence de la résignation ou de la retraite d'un ministère, le gouverneur est obligé d'en former un nouveau, il fait ordinairement venir auprès de lui un des principaux membres de l'opposition auquel il donne le soin de faire choix des personnes qui devront remplacer celles qui se retirent. C'est ce membre que l'on appelle ensuite premier-ministre.

Le nombre des conseillers n'est pas limité ; mais le conseil ne se compose généralement que des chefs des principaux départemens ; comme le secrétaire provincial, le receveur-général, le commissaire des terres de la couronne, l'inspecteur-général et les procureurs-généraux. Il y a aussi un président du conseil. On y ajoute les commissaires des travaux publics, et les solliciteurs-généraux lorsque les circonstances l'exigent. D'autres personnes importantes, appartenant aussi à la législature peuvent quelquefois y être appelées lorsque leurs talens peuvent être d'une grande utilité au gouvernement.

Mais le conseil doit toujours être composé de manière à

avoir l'appui et la confiance de la majorité des représentans du peuple.

Les conseillers ont un serment à prêter en entrant en fonctions. Ils jurent, entr'autres choses, de conseiller le gouver neur au meilleur de leur prudence et de leur discrétion, d'agir avec impartialité, en mettant de côté toute crainte et toute affection.

Les conseillers s'assemblent et siégent de tems à autre suivant que les circonstances l'exigent.

Ils ont à s'occuper en général de toutes les affaires du pays. Les requêtes et demandes de toutes sortes leur sont mises sous les yeux. Chaque affaire qui regarde un département en particulier est référée au chef de ce département qui en fait, dans beaucoup de cas, un rapport au conseil, à une de ses séances subséquentes. C'est en conseil que se discutent les nominations, et qu'on fait droit aux reclamations individuelles pour terres ou argent.

Les consellers ont une entière liberté de parole dans le conseil. Les mesures ministérielles qui doivent être présentées aux chambres pour recevoir leur approbation, y doivent être discutées et modifiées de manière à satisfaire tous les membres du conseil qui se chargent de les expliquer et de les défendre devant les représentans et le conseil législatif.

Si quelqu'un des conseillers ne peut souscrire à une mesure présentée par ses collègues il faut qu'il se retire.

L'existence d'un conseil exécutif date de l'établissement des premières colonies anglaises dans l'Amérique.

Dans les premiers tems les conseillers exécutifs étaient aussi conseillers législatifs. Aussitôt après la cession du Canada à l'Angleterre un conseil fut établi dans ce pays. Mais rarement le gouverneur s'occupait de prendre l'avis de ses conseillers, et encore plus rarement ceux-ci s'occupaient-ils de la volonté et de l'opinion publiques.

En 1774, un conseil législatif séparé fut établi pour aider à la confection des lois. On appelle " ordonnances" celles qui furent passées alors. On donne le même nom à celles du conseil spécial passées par la volonté absolue des gouverneurs de 1838 à 1841.

En 1791, le gouvernement impérial, par le nouvel acte constitutionnel des Canadas, créa un conseil exécutif dans chacune des Provinces du Haut et du Bas-Canada. Le gouverneur avait ordre de communiquer à ses conseillers les questions sur lesquelles il jugeait à propos d'obtenir leur avis.

Le gouverneur avait dès lors instruction de se conduire dans l'administration des affaires du pays, d'après l'avis de son conseil exécutif.

Mais les gouverneurs ne se croyaient pas tenus de choisir leurs conseillers parmi les hommes qui jouissaient de la confiance des représentans du peuple ; ce qui fut la cause de l'antagonisme qui exista si longtems entre la chambre d'assemblée et le conseil exécutif.

L'établissement de ce que l'on appelle " gouvernement responsable" a eu pour but de rémédier à ce mal en obligeant le gouverneur à choisir ses conseillers parmi les hommes qui possèdent la confiance du peuple, ou au moins de la majorité de ses représentans, de manière à faire régner entre les diverses branches de la législature et du gouvernement cette harmonie nécessaire à la prospérité de la province.

Les séances du conseil exécutif sont toujours sous la présidence du gouverneur en personne. Mais les conseillers, sous le nom de " comité du conseil", délibèrent préalablement sur les matières référées, ou s'occupent à élaborer des décisions, ou des mémoires au gouverneur sur des sujets importans.

D'après l'avis de ses conseillers le gouverneur nomme aux emplois, destitue les fonctionnaires publics, reçoit et accepte les résignations. De concert avec eux il dirige toutes les affaires, et veille à ce que les lois soient promptement et fidèlement exécutées.

Le droit de nommer aux emplois réside constitutionnellement dans le gouverneur qui peut l'exercer indépendamment, mais la retraite des conseillers exécutifs que le parlement tient pour responsables serait une conséquence immédiate de la non-consultation.

Président du Conseil.

Le principal devoir du président du conseil est de surveiller tous les détails du bureau du conseil, d'examiner toutes les affaires soumises au conseil et d'en faire un rapport.

Cet officier n'est pas proprement le président du conseil. Il en est le rapporteur. Il est le président des comités du conseil.

Procureurs-Généraux.

Il y a un procureur-général pour le Bas-Canada et un autre pour le Haut. Dans d'autres pays, les procureurs-généraux ne font pas partie du cabinet, mais ici ils en sont les principaux membres; c'est ordinairement à l'un d'eux qu'est confié le soin de former l'administration. Leurs devoirs sont de la plus haute importance. Ils sont chargés de rédiger les projets de loi qui doivent être présentés aux chambres de la part du ministère. Comme premiers officiers en loi de la couronne, ils sont obligés de donner leur opinion à tous les chefs de département qui la leur demandent. Toutes les grandes questions légales ou constitutionnelles leur sont référées. Ils préparent les contrats ou devis nécessaires pour toutes les transactions du gouvernement avec les particuliers. La poursuite des criminels leur est dévolue; mais dans ce cas, le solliciteur-général, ou un conseil en loi le remplacent; ils peuvent aussi se nommer des assistans. Ils doivent intenter les actions civiles que la couronne peut porter contre les particuliers ou les corporations, comme pour recouvrer des propriétés qui appartiennent au gouvernement, recouvrer des cautionnemens etc. Ils doivent pareillement défendre aux actions portées contre la couronne. Dans ces affaires ils agissent souvent aussi par substituts. Enfin ils ont entre les mains toutes les affaires du gouvernement et ils doivent y veiller avec tout le soin qu'un procureur met à ses propres affaires.

Ajoutons à cela qu'ils doivent toujours être prêts à donner aux représentans du peuple les explications nécessaires sur la conduite du gouvernement, et à défendre les mesures de l'administration lorsqu'elles sont attaquées.

Un publiciste a dit : " le procureur-général est l'âme de l'ordre social ; tout repose sous la sauvegarde de sa sagesse. Il est le vengeur des mœurs offensées, le ministre des lois, l'instrument et le directeur du pouvoir exécutif. Il est l'œil de thémis, il est l'aigle qui porte sa lumière, la main qui la dirige contre le riche oppresseur, contre le juge prévaricateur, le journaliste criminel et l'auteur impie ; il est l'asile sacré de tous ceux qui ont à se plaindre de l'injustice et de l'oppression."

Solliciteurs-Généraux.

Les solliciteurs-généraux assistent les procureurs-généraux dans l'exercice de leurs fonctions. Ils sont généralement chargés de la conduite des affaires criminelles. Mais ils ont souvent aussi à donner leur opinion légale sur les questions qui s'élèvent dans les différens bureaux publics, comme dans les départemens des terres de la couronne, des travaux publics, de l'éducation, des douanes, etc., ou autres questions qui requièrent une opinion légale.

Quoique les solliciteurs-généraux ne fassent pas généralement partie du cabinet, ils n'en sont pas moins regardés comme aviseurs responsables de la couronne.

Il y a un solliciteur-général pour le Bas-Canada, et un autre pour le Haut.

Secrétaire Provincial.

C'est le secrétaire provincial qui dirige la correspondance officielle du gouvernement. Il est le gardien du grand sceau de la province. Les documens qui exigent l'apposition de ce sceau doivent être préparés dans son bureau. Ainsi les patentes de terres, les commissions, les proclamations etc., doivent lui passer par les mains, et rester comme records dans les archives de son département.

Les statuts de la province sont déposés chez lui; il en fournit chaque année une copie au secrétaire d'état en Angleterre, et une autre à l'imprimeur du gouvernement. Il transmet en outre à ce dernier des copies de toutes les proclamations qui doivent être publiées dans la Gazette Officielle.

C'est lui qui doit répondre à toutes les adresses, pétitions, mémoires, et en général à toutes les demandes faites au gouverneur en sa qualité de chef du gouvernement exécutif. Les licences de mariage (chez les protestans), celles de médecin, d'arpenteur, etc. sont aussi préparées dans son bureau. Les poids et mesures sont sous sa charge. Il doit garder record de toutes les nominations de magistrats, juges de paix, etc. Il prépare les patentes pour inventions, dont il doit garder des modèles dans son bureau.

Pour l'aider dans ses fonctions multipliées, et dans la correspondance extraordinaire qui en résulte, le secrétaire provincial a sous lui deux assistans et 8 ou 9 clercs ou copistes.

Une faible partie des devoirs détaillés plus haut est remplie par le *régistrateur* provincial dont le bureau est maintenant lié à celui du secrétaire provincial.

Receveur-Général.

Le receveur-général peut être appelé le caissier du gouvernement. C'est lui qui reçoit tous les deniers publics, qui fait les paiemens autorisés en vertu de warrants du gouverneur, qui négocie la vente des débentures et qui, en général, est chargé du soin du trésor public.

L'argent est ordinairement reçu par le receveur-général lui-même, lorsqu'il est présent; en son absence, le premier clerc le représente. Les sommes reçues sont entrées dans plusieurs livres tenus à cet effet et des reçus en sont donnés soit par lettres, soit aux personnes elles-mêmes.

Les deniers appartenant au revenu sont apprópriés par acte de la législature et ne doivent être payés qu'en vertu de warrants du gouverneur. Ces warrants sont en double. Ils sont acquittés par la personne en signant sur la marge de chaque warrant et en donnant trois autres reçus. Les procurations pour retirer ces deniers doivent également être faites doubles.

Le receveur-général, en entrant en fonctions, est obligé de donner un cautionnement suffisant.

En sa qualité de conseiller exécutif il doit avoir un siége dans l'une des chambres de la législature.

Le receveur-général a sous lui plusieurs commis et teneurs de livres.

Inspecteur-Général.

L'inspecteur-général a la surveillance des comptes publics. C'est par son bureau que les comptes des deniers dûs à la province doivent passer avant que ces deniers aillent dans la caisse du receveur-général. Il règle les comptes dûs au gouvernement et liquide ceux que celui-ci doit. Il veille à ce que les argens soient collectés avec exactitude et ponctualité. La collection des droits de douane et des licences de toutes sortes est confiée à sa surveillance. Chaque année il doit mettre sous les yeux de la législature un tableau des recettes et des dépenses de la province, pendant l'année qui s'est écoulée, ainsi qu'une estimation pour l'année courante. Il examine de tems à autre les comptes du receveur-général. Il examine les obligations (*bonds*,) hypothèques, et autres sûretés de la province. Il fait des emprunts d'argent lorsque les circonstances l'exigent. Il veille aussi à ce que l'argent voté par la législature soit employé à ses vraies fins et qu'il en soit rendu un compt exact.

L'inspecteur-général est aussi membre de la législature, et c'est lui qui y conduit ordinairement les mesures relatives au commerce, aux tarifs, aux cotisations etc. C'est à lui que s'adressent les représentans qui désirent avoir des renseignemens sur quelque chose qui se rapporte aux revenus et aux dépenses de la province.

Il a un député et plusieurs clercs et teneurs de livres.

Il y a des livres pour les warrants, d'autres pour les comptes, d'autres pour les débentures, d'autres pour les correspondances, d'autres pour les opinions légales etc. On peut, dans tous les tems, y voir dans quel état se trouvent les affaires financières du pays.

Commissaire des Terres de la Couronne.

C'est ce département qui a le soin et la surveillance de toutes les terres qui appartiennent à la couronne ou au gouvernement. Dans ce département est compris maintenant celui de l'arpenteur-général qui en était séparé il y a quelques années.

Le commissaire des terres de la couronne fait généralement partie du conseil exécutif; il a un assistant dont la charge est permanente ; des teneurs de livres, deux ou trois clercs correspondants etc.

La branche qui formait autrefois le bureau de l'arpenteur-général se compose de deux personnes qualifiées qui remplissent les devoirs du ci-devant arpenteur-général, d'un assistant, et d'un grand nombre de clers ou copistes, suivant les besoins du bureau.

Lorsque le gouvernement se décide à vendre des terres, le commissaire doit faire connaître les conditions de la vente dans la Gazette Officielle et quelques autres journaux.

Il y a des agens pour la vente de ces terres dans toutes les localités où le gouvernement en possède.

Le prix d'achat des terres peut être payé par l'acheteur aux agens locaux et transmis par ces derniers au commissaire des terres qui, à son tour, doit en rendre compte au receveur-général.

La correspondance avec ce bureau se fait directement et non par l'entremise du secrétaire provincial.

Commissaires des Travaux Publics.

Le département des travaux publics est chargé de la confection, la direction et l'entretien de tous les ouvrages entrepris à même les deniers de la province, tels que chemins, canaux, ponts, édifices publics, et autres améliorations d'une nature générale ou simplement locale.

Les affaires ordinaires de ce bureau sont conduites par un ou deux chefs, un secrétaire nommé par le gouvernement, lequel correspond avec les employés ou entrepreneurs sur tous les points de la province où il y a des ouvrages publics. Il reçoit des soumissions pour les travaux de tous genres que le bureau veut faire entreprendre, après les avoir fait annoncer sur les journaux.

Des ingénieurs sont aussi nommés, pour visiter les lieux avant d'entreprendre les améliorations, pour examiner les ouvrages, tracer les plans, faire des rapports sur les travaux qu'ils ont inspectés, et des estimations du coût des ouvrages, etc. Il y a plusieurs surintendants sur les canaux et chemins qui font de tems à autre des rapports sur l'état des ouvrages soumis à leur surveillence.

La loi donne pouvoir aux commissaires de s'emparer des propriétés des individus pour les améliorations publiques, en leur payant une compensation suffisante. Lorsqu'on diffère sur le montant du dommage l'affaire est soumise aux arbitres provinciaux qui jugent et décident la question, après avoir pris les renseignemens et fait les démarches et les examens convenables. La partie contre laquelle la décision a été rendu est obligée de payer les frais.

Une fois les ouvrages finis, les commissaires font bâtir des maisons de péage, barrières etc. Mais les collecteurs, gardiens etc., sont sous le contrôle de l'inspecteur-général auquel ils doivent faire parvenir les sommes collectées. Ils ne s'adressent au bureau des travaux publics que dans le cas où de nouvelles bâtisses ou des réparations sont devenues nécessaires.

Toutes les demandes d'argent pour améliorations publiques sont référées aux commissaires qui les examinent et font rapport au gouverneur en conseil pour recommander que la requête soit accordée, ou qu'elle soit rejetée.

Les commissaires sont obligés de faire chaque année un rapport détaillé contenant tous les renseignemens que le public peut avoir intérêt de connaître sur les travaux publics, tant sur ceux qui sont achevés et en activité que sur ceux qui sont encore en voie de confection.

Secrétaire du Gouverneur.

Le bureau du secrétaire du gouverneur ou secrétaire civil est chargé des depêches envoyées par le gouverneur au secrétaire d'état et de toute la correspondance du gouverneur avec les autorités impériales. Cet officier a porté quelquefois le nom de secrétaire *privé.* C'est un fonctionnaire distinct autre que le secrétaire provincial et qui ne fait pas partie de l'administration ; il est plutôt considéré comme officier impérial.

CHAPITRE TROISIÈME.

DU GOUVERNEMENT RESPONSABLE.

Lord Durham, dans son rapport sur les affaires de l'Amérique Britannique du Nord, insistant auprès du gouvernement de la métropole pour l'adoption de principes plus justes et plus constitutionels à l'égard des colonies, et en particulier des deux Canadas, posait, entr'autres principes, ceux qui suivent:

" La couronne doit subir les conséquences nécessaires des institutions représentatives, et si elle doit faire fonctionner le gouvernement de concert avec un corps de représentans ce doit être par le oyen de ceux qui possèdent la confiance de ces représentans.

....

" Lorsqu'un ministère cesse d'être appuyé par la majorité dans le parlement, sur les grandes questions de politique, son sort est scellé sans délai.

....

" Si le gouverneur désire retenir des conseillers qui ne possèdent pas la confiance de l'assemblée existante, il se trouve forcé de faire un appel au peuple, et s'il ne réussit pas, les subsides peuvent lui être refusés.

....

" La forme du gouvernement, les rapports avec les pays étrangers, le commerce extérieur, les terres publiques, sont des sujets sur lesquels la mère-patrie a besoin d'avoir quelque contrôle.

....

Lord John Russell écrivait au gouverneur Lord Sydenham en date du 16 octobre 1839.

“ Je désire attirer votre attention sur la manière dont les emplois sous la couronne paraissent être tenus dans les colonies anglaises. Je trouve que le gouverneur lui-même et tous ceux qui servent sous lui sont nommés durant bon plaisir, mais avec cette différence importante la commission du gouverneur est dans le fait révoqué chaque fois que les intérêts du service public paraissent exiger un changement dans l'administration des affaires locales, tandis que les commissions de tous les autres officiers publics sont très-rarement révoquées, excepté dans les cas de mauvaise conduite.

. . . .

“ Il est tems que l'on adopte un autre systême.

. . . .

“ Vous saurez et ferez savoir généralement que dorénavant les charges occupées dans les colonies durant le bon plaisir de sa majesté ne devront pas être regardées comme pouvant être occupées durant bonne conduite ; mais que non-seulement tels officiers seront appelés à se retirer du service public chaque fois que des motifs d'intérêt général le requerront, mais qu'un changement dans la personne du gouverneur sera considéré comme une raison suffisante pour toute altération que son successeur pourra juger à propos de faire dans la liste des fonctionnaires publics.

“ Ces remarques ne s'appliquent pas aux emplois judiciaires ni à toutes les autres charges qui n'ont aucune influence sur la politique du gouvernement. Elles s'appliquent aux chefs de départemens plutôt qu'à leurs commis. Mais ceux qu'elles affectent principalement sont les membres du conseil exécutif.”

. . . .

Lord Sydenham s'exprime ainsi dans une lettre en date du 27 juillet 1840 :

“ Le principe d'après lequel je me conduirai est d'abord, de composer le conseil exécutif de manière à comprendre seulement les principaux officiers du gouvernement et quelques-uns des membres les plus influens de chaque chambre mais spécialement de la chambre d'assemblée ; les officiers publics dont les services sont désirables devront, lorsqu'il sera nécessaire, se faire élire membres de l'assemblée, et leurs talens et leur tems devront être à la disposition du gouvernement.

" Le procureur-général devra donner son tems et ses talens aux fonctions de sa charge et à la défense du gouvernement dans l'assemblée, dont il sera membre.

" Le conseil exécutif et le conseil législatif devront être en harmonie avec la branche populaire de la législature.

" Le gouvernement doit pouvoir obtenir de ses officiers, dans la législation, ce support qui lui est absolument indispensable dans la conduite des affaires de la colonie. Comme conséquence de ce principe, le gouvernement doit proposer et soumettre à la législature, avec tout le poids de son autorité, les mesures qui paraîtront devoir être avantageuses au pays...

....

" Un des principaux devoirs du gouverneur est de former et conduire le gouvernement de manière à marcher d'accord avec la majorité de la chambre d'assemblée.

" On doit admettre à la vérité que le premier principe à maintenir dans toute possession britannique est la suprématie du gouvernement impérial, et que cette suprématie ne saurait être limitée par aucune considération quelconque. Mais on ne saurait non plus nier que cette autorité ne saurait être exercée dans la régie des affaires ordinaires du gouvernement colonial, tant à cause de la distance du lieu de l'action qu'à cause de son ignorance inévitable des détails de localité. L'intervention du pouvoir de la métropole devrait être réservée pour ces cas extraordinaires où l'honneur de la couronne et les intérêts de l'empire sont en jeu....... Mais les cas de ce genre doivent être très-rares.... ils doivent se rapporter presqu'exclusivement aux relations extérieures de l'empire ou aux règlemens qui concernent le commerce........ L'amélioration des institutions municipales et judiciaires, l'établissement des écoles, la direction des travaux publics, le choix des magistrats, les nominations dans la milice, les nominations aux emplois, et autres affaires de même nature, sont en dehors de la connaissance des autorités métropolitaines, et doivent être laissées au gouverneur et à ses conseillers.

. . . .

" Le gouverneur ne peut faire usage de la prérogative de la couronne dans la distribution des emplois qu'avec l'avis des officiers subordonnés. Il est impossible pour celui qui n'a pas passé sa vie dans la colonie, qui n'a pas vécu au milieu de ses habitans, d'être au fait des qualifications et du mérite des divers candidats aux emplois, dans un pays aussi étendu que le Canada. Il doit donc pour cela rechercher l'assistance de ceux qui l'entourent."

. . . .

Le 3 septembre 1841, l'assemblée législative du Canada adopta les résolutions suivantes :

" 1°. Le plus important et le plus incontestable des droits politiqnes du peuple de cette province est celui d'avoir un parlement provincial pour la protection de ses libertés, pour exercer une influence constitutionnelle sur les départemens exécutifs de son gouvernement, et pour législater sur toutes les matières du gouvernement intérieur.

" 2°. Le chef du gouvernement exécutif de la province étant dans les limites de son gouvernement le représentant de de son souverain, est responsable aux autorités impériales seulement, mais néanmoins les affaires locales ne peuvent être conduites par lui qu'avec l'assistance et au moyen, par l'avis et d'après les informations d'officiers subordonnés dans la province.

" 3°. Pour maintenir entre les différentes branches du parlement provincial l'harmonie qui est essentielle à la paix, au bien-être et au bon gouvernement de la province, les principaux aviseurs du réprésentant du souverain, constituant sous lui une administration provinciale, doivent être des hommes jouissant de la confiance des représentans du peuple, offrant ainsi une garantie que les intérêts bien entendus du peuple que notre gracieuse souveraine a déclaré devoir être en tout tems la règle du gouvernement provincial seront fidèlement représentés et défendus.

" 4o. Le peuple de cette province a de plus le droit d'attendre de l'administration provinciale ainsi composée qu'elle emploiera tous ses efforts pour que l'autorité impériale, dans ses limites constitutionnelles soit exercée de la manière la plus conforme à ses vœux et à ses intérêts bien entendus."

CHAPITRE QUATRIÈME.

COURT PARALLELLE ENTRE LE GOUVERNEMENT D'ANGLETERRE ET LE GOUVERNEMENT DU CANADA.

L'honorable A. N. Morin, dans une adresse aux électeurs du comté de Bellechasse, en 1844, définissait le gouvernement responsable " l'application pratique et sans équivoques de la constitution anglaise à l'administration des affaires du pays." C'est ainsi que paraissent l'avoir compris les hommes de politique libérale, tant de la mère-patrie que des provinces auxquelles ce mode de gouvernement a été accordé.

La position de la mère-patrie et celle de ses colonies, la différence dans les intérêts respectifs des diverses classes d'habitans dans l'un et l'autre pays, et les circonstances particulières où ils peuvent se trouver, doivent nécessiter, dans l'application des principes constitutionnels, des modifications qui ne peuvent manquer d'être saisies par des hommes d'état.

Notre constitution, nous l'avons déjà dit, repose absolument, au moins dans la pratique et abstraction faite de notre dépendance comme colonie, sur la même bâse que celle d'Angleterre, c'est-à-dire qu'ici comme en Angleterre, le parlement seul a le pouvoir de faire les lois, et de changer celles qui existent.

Le gouverneur, ici, peut bien, comme le roi en Angleterre, refuser son assentiment aux bills passés par les deux autres branches de la législature; il jouit aussi de certaines autres prérogatives qu'il peut exercer quand il lui plait, comme celle de dissoudre ou convoquer le parlement, mais à tous ces pouvoirs les représentans du peuple du Canada, comme les membres de la chambre des communes, opposent une arme toute-puissante: l'argent du peuple est entre leurs mains et c'est à eux seuls qu'il faut s'adresser pour obtenir ce qu'on appelle les subsides. Les représentans ont seuls aussi le droit d'imposer des taxes sur le pays.

S'il arrivait que l'exécutif éludât les promesses qu'il a faites en obtenant les subsides, ou qu'il les appliquât à d'autres usages qu'à ceux auxquels ils ont été destinés, la constitution accorde encore aux représentans du peuple un moyen d'opposition aux malversations du gouvernement, en leur donnant le droit de poursuivre les personnes responsables; par exemple, si les deniers publics ont été employés d'une manière contraire aux intentions de ceux qui les ont accordés, on poursuit ceux qui en avaient le maniement; s'il s'est commis quelqu'abus d'autorité ou poursuit ceux qui en ont été les instrumens.

En Angleterre c'est la chambre des communes qui se porte accusatrice et c'est devant la chambre des pairs qu'elle porte ses accusations. Ce droit cependant n'a guère été exercé que dans des tems de révolution.

En Canada, les ministres ou les autres officiers publics peuvent être poursuivis par l'assemblée, lorsqu'ils ont enfreint la constitution, mais le tribunal devant lequel ils doivent être cités n'est pas encore établi ni défini. Si ce tribunal devenait nécessaire il devrait être établi par une loi.

Le gouverneur n'étant responsable de sa conduite qu'au gouvernement impérial ne peut être accusé que devant les autorités en Angleterre, soit par les communes, soit par l'assemblée du Canada.

Dans ce cas les conseillers du gouverneur pourraient être poursuivis devant le tribunal canadien parcequ'ils sont responsables des actes du gouverneur, tant qu'ils forment partie du gouvernement.

Ici, comme en Angleterre, l'exécutif doit se guider d'après les directions du parlement qui est son grand conseil et auquel il doit déférer, comme le parlement doit déférer au vœu général des habitans du pays.

Ici, comme en Angleterre, l'administration des affaires doit être entre les mains de ceux qui jouissent de la confiance de la majorité du peuple ou de ses représentans. Ces personnes doivent être consultées sur les questions de gouvernement : elles sont responsables au peuple de leur conduite et de leur avis.

Ici, comme en Angleterre, aucun ministère ne peut rester au pouvoir lorsqu'il n'est pas soutenu par une majorité en parlement.

La position de la reine dans le gouvernement du Canada doit être la même que dans son gouvernement d'Angleterre. Rien de ce qui est regardé comme compatible avec la prérogative et la dignité de la couronne en Angleterre ne doit être regardé comme incompatible avec la prérogative et la dignité de la couronne en Canada.

Le gouverneur du Canada exerce certaines prérogatives de la même manière que le souverain les exerce en Angleterre ; telle est, par exemple, celle de dissoudre le parlement, de le convoquer, de nommer aux emplois, etc.

Mais il est certaines autres prérogatives qui ne sauraient être déléguées au gouverneur et que le souverain exerce lui-même directement dans toutes ses colonies : tel est le droit de déclarer la guerre ou la paix, de conclure des traités, de faire des alliances, battre monnaie ; telle est la prérogative par laquelle la personne du monarque doit être regardée comme sacrée.

Mais le gouverneur ici, comme le roi en Angleterre, est le chef du pouvoir exécutif qu'il exerce avec l'assistance et par le moyen d'agens responsables.

Le gouverneur, de même que le souverain en Angleterre, ne doit s'identifier avec aucun parti. Il doit se maintenir dans une position telle qu'il puisse agir avec le parti qui a la majorité parlementaire. Il doit donner à ce parti sa confiance toute entière. Son devoir est d'administrer le gouvernement pour le bien de la colonie. S'il ne veut pas agir avec le ministère qui a la confiance du parlement, il faut qu'il en appelle au peuple de la province au moyen d'une élection. Si la décision du peuple est contre lui il faut qu'il se soumette ou qu'il se retire.

TROISIÈME PARTIE.

DU POUVOIR JUDICIAIRE.

Le pouvoir judiciaire est séparé du pouvoir législatif et du pouvoir exécutif, et ne fait pas essentiellement partie du gouvernement proprement dit.

Quelques publicistes prétendent avec raison que le pouvoir judiciaire émane à la fois des deux autres ; que créé par la puissance législative il est le conservateur et pour ainsi dire l'organe de ses décrets ; que surveillé par le pouvoir exécutif, il commande en son nom l'obéissance à la loi, et en punit l'infraction. (*a*)

Suivant ces publicistes les autorités judiciaires sont chargées de faire aux espèces particulières l'application des lois dictées par la puissance législative ; la puissance exécutive surveille et assure l'exécution des décisions rendues.

Ce pouvoir est séparé des deux autres parce que si les juges pouvaient être en même tems juges et législateurs ou ministres, la vie et la liberté des citoyens seraient entre leurs mains.

C'est pour cela que, dès l'établissement du gouvernement constitutionnel en ce pays, on a demandé que les juges fussent exclus de la représentation populaire ; et qu'aujourd'hui en vertu des actes qui règlent l'administration de la justice, les juges ne peuvent faire partie ni du pouvoir législatif ni du pouvoir exécutif.

Le pouvoir judiciaire doit être exercé par des personnes connues pour leurs lumières et leur intégrité. Ces personnes

(*a*) Pastoret. Lois pénales.

sont comme des arbitres que lès citoyens font juges de leur réputation et de leurs affaires pécuniaires.

Il est essentiel pour la conservation des droits de chaque individu, de sa vie, de sa liberté, de sa propriété et de sa réputation que l'interprétation des lois et l'administration de la justice soient impartiales. C'est un droit appartenant à tous les citoyens d'être jugé par des juges aussi libres, aussi impartiaux et aussi indépendants que le sort de l'humanité le permet. Il est donc non-seulement de la meilleure politique, mais il est nécessaire pour la sûreté des droits du peuple en général et de chaque citoyen en particulier que les juges soient maintenus dans leurs offices aussi longtems qu'ils s'y conduisent bien, et qu'ils aient un salaire honorable, assuré, et fixé par des lois constantes. (*a*)

" Quelle serait la sureté des citoyens," dit Malesherbes, " si les magistrats de qui dépendent leur fortune, leur honneur et leur vie, avaient à ciaindre le ressentiment des dépositaires de l'autorité ?" Ceux qui sont choisis pour prononcer ainsi sur le sort de leurs semblables doivent donc jouir d'une parfaite indépendance morale. L'indépendance de la magistrature est maintenant reconnue et regardée comme un principe sacré dans tous les pays libres.

En Canada l'indépendance des juges des cours supérieures est garantie par un acte spécial passé en 1843.

Dans les colonies, de même que dans le royaume d'Angleterre, le souverain est regardé comme la fontaine de la justice ; il est censé exercer le pouvoir judiciaire au moyen de substituts qu'il se nomme. C'est pourquoi la justice s'administre en son nom, la procédure, les papiers sont marqués de son sceau.

La nomination des juges et des magistrats est à la disposition du gouverneur et de son conseil.

Le Haut et le Bas-Canada sont réunis pour les fins de la législation et du gouvernement exécutif, mais non pour l'ex-

---

(*a*) Lacroix—Constitutions de l'Europe.

ercice du pouvoir judiciaire. Chaque partie de la province a ses lois, ses tribunaux distincts. Les bornes de ce petit ouvrage et sa destination ne permettent qu'une mention abrégée des tribunaux civils et criminels du Bas-Canada.

TRIBUNAUX CIVILS DU BAS-CANADA.

Cour des Commissaires.

Les tribunaux civils du Bas-Canada ont chacun une juridiction différente. Le moins important est ce tribunal d'équité désigné sous le nom de "cour des commissaires." Cette cour, dont l'institution est très ancienne, existe actuellement dans le Bas-Canada, en vertu d'un acte passé en 1843. Elle est établie pour le recouvrement des petites dettes, et la décision des causes qui ont pour objet des choses d'une faible valeur. Lorsque cent propriétaires dans une paroisse ou autre localité s'adressent au gouverneur demandant l'établissement d'une cour des commissaires, le gouverneur nomme une ou plusieurs personnes qui composent cette cour. Il peut faire choix de toute personne, pouvu que ce ne soit ni un hussier, ni un sergent, ni un aubergiste.

Cette cour "entend, juge et décide d'une manière sommaire, d'après les droits des parties, en bonne conscience, selon l'équité et au meilleur de la connaissance et du jugement de chaque commissaire, toutes les poursuites ou actions pour affaires purement personnelles et mobilières, dans lesquelles la somme ou la valeur de la chose demandée n'excède pas £6 5s., et lorsque les défendeurs résident dans la paroisse ou localité pour laquelle les commissaires sont nommés. Sa juridiction ne s'étend pas cependant aux actions pour calomnie ou assaut et batterie, ni à celles qui ont rapport à la paternité, à l'état civil des personnes en général, à la séduction, aux frais de gésine, ou à aucune amende et pénalité que ce soit. Les enfans au-dessus de 14 ans peuvent plaider devant cette cour pour le recouvrement de leurs gages. La preuve par témoins y est admise bien que la somme demandée puisse excéder cent francs. Lorsqu'il n'y a pas de cour dans une paroisse, un défendeur qui réside là, peut être poursuivi à la cour la plus proche pourvu qu'elle soit dans un rayon de dix lieues et dans le même district.

Il ne peut y avoir qu'une seule cour par paroisse. La cour doit se tenir près de l'église, et le lieu où elle se tient doit être spécifié dans chaque assignation.

Ces cours se tiennent le premier lundi de chaque mois ou le jour suivant si ce lundi est une fête d'obligation ; elles peuvent s'ajourner à d'autres jours pour l'audition des témoins et la décision des causes. Les commissaires siégent dans une salle louée et entretenue aux frais du greffier sur les honoraires qui lui sont accordés. On ne peut tenir les séances dans une auberge. Dans les villes de Québec, de Montréal et de Trois-Rivières, il n'existe plus de cours de commissaires. Les actions qui pouvaient être intentées devant cette cour doivent maintenant s'intenter devant les cours de circuit.

Tout commissaire, sur la demande qui lui en est faite, peut faire sortir un ordre, ordonnant au défendeur de payer ce qui lui est demandé, ou de comparaître devant lui tel jour pour répondre à cette demande. Le défendeur doit recevoir l'ordre au moins 3 jours avant celui de la comparution, et 4, s'il y avait plus de 2 lieues.

Le défendeur peut récuser les commissaires, en donnant ses raisons par écrit. La poursuite est portée à la cour de circuit la plus voisine du même district qui décide sur les causes de la récusation. Si ces causes sont trouvées suffisantes, la cour procède à entendre la poursuite ; si au contraire la récusation est jugée frivole et mal fondée, elle renvoie la cause devant les commissaires, avec dépens.

On peut dans certains cas évoquer une poursuite commencée devant cette cour à la cour supérieure du district. L'évocation doit toujours avoir lieu lorsqu'un acte authentique produit comme preuve est argué de faux. La partie qui s'inscrit en faux doit donner caution pour les frais après quoi le commissaire ou le greffier transmet dans les 15 jours qui suivent, tous les papiers produits dans la cause à la cour supérieure, laquelle décide l'affaire.

Les commissaires peuvent renvoyer une affaire à trois arbitres dont l'un est nommé par la cour, et les deux autres par chacune des parties. Ces arbitres sont assermentés par un juge de paix, et ils ont le pouvoir d'entendre les parties et les témoins, et la sentence arbitrale de deux des arbitres est finale et décisive.

Les commissaires ont le droit d'émaner des *subpœna*, et d'obliger des témoins à comparaître devant eux sous peine d'une amende qui ne doit pas excéder £1.

Lorsqu'un défendeur fait défaut après que l'ordre lui a été servi personnellement, il est loisible au défendeur de faire immédiatement sa preuve et la cour peut rendre le jugement *instanter ;* mais lorsque le défendeur comparaît et conteste, il faut fixer un jour subséquent pour faire la preuve.

Les commissaires peuvent ordonner que les paiements soient faits par termes.

Si le jugement n'est pas exécuté, le commissaire peut, huit jours après, faire prélever le montant, par un warrant de saisie, signé de lui. Il peut faire vendre tous les meubles, à l'exception des animaux de charrue, des instrumens d'agriculture et des outils de métier ; si cependant les autres meubles ne suffisaient pas, ceux-ci pourraient être vendus. Mais les lits et couvertures de la famille, les linges et hardes nécessaires, un cochon, une vache, trois moutons, un poële simple, une corde de bois doivent être laissés à la personne saisie, excepté dans le cas où la dette aurait été contractée pour ces objets mêmes.

Les cours de commissaires peuvent émaner des warrants de saisie-gagerie, de saisie-revendication, (après avoir reçu les affidavits nécessaires) de saisie-arrêt après jugement ; les oppositions et interventions sont entendues et jugées sommairement.

Ces cours ont tous les pouvoirs des autres cours pour faire observer l'ordre et faire exécuter tout ce qui est ordonné par les commissaires.

Les commissaires se nomment un greffier qu'ils peuvent destituer à volonté. Ce greffier doit donner caution jusqu'au montant de £50, hormis qu'il possède des biens-fonds pour une valeur de douze louis par an. Les mineurs, les huissiers, les sergens, les aubergistes, les juges de paix, les père, fils, frère, beau-frère, gendre, neveu, commis ou agent d'un des commissaires ne peuvent être greffier.

Le greffier tient un régistre de toutes les poursuites qui sont intentées devant la cour, ainsi que de toutes les procédures, jugemens, matières, et choses auxquelles elles donnent lieu. Il est obligé de donner copie de ces entrées moyennant 12 sous par cent mots.

Les huissiers et sergens ne peuvent agir comme procureurs devant ces cours. Les procureurs et avocats ne peuvent agir sans un écrit, ou seulement en présence de la partie. A l'exception des avocats, les autres parties doivent agir gratuitement. Celui qui a signifié l'assignation ne peut servir de témoin, si ce n'est pour le fait de la signification de cet ordre.

Pour éviter les frais de voyage, les commissaires peuvent envoyer les ordres à toute personne résidant dans la paroisse laquelle devra déclarer que l'ordre a été dûment servi. Mais un warrant d'exécution ou de saisie ne peut être adressé à d'autre qu'à un huissier.

Le Greffier ne peut exiger plus de 1s. 6d. pour une assignation et 6d. pour chaque copie ; 9d. pour chaque *subpœna* et 6d. pour chaque copie ; pour chaque jugement avec copie 1s. 3d. ; pour chaque warant d'exécution ou saisie 1s. 3d. ; pour chaque copie 6d. ; pour l'entrée d'une opposition 6d.

Pour chaque signification, l'huisier peut demander 1s. et ensuite 4d. par mille en allant, (la distance en revenant ne comptant point). Quand même il signifierait plusieurs ordres à la même personne, il n'aurait toujours droit qu'aux frais d'une seule signification. S'il se fesait donner plus il serait sujet à punition.

Les commissaires ne sont pas retribués. Avant d'entrer en office ils font serment, ainsi que le greffier, d'agir au meilleur de leur jugement. Ils sont passibles de pénalités s'ils se conduisent mal.

Cours de Circuit.

Toutes les actions qui s'intentent devant les cours des commissaires peuvent aussi s'intenter devant les cours de circuit. Ces cours de circuit prennent connaissance de toutes les causes dans lesquelles la somme demandée n'excède pas £50, lorsqu'il n'y a pas de *capias ad respondendum.* Si la somme n'excède pas £15, la cause doit être entendue, plaidée et jugée d'une manière sommaire ; si elle n'excède pas £6 5s., elle est décidée suivant l'équité et en bonne conscience. Cependant si ces actions ont rapport à quelque titre de propriété, ou à quelque somme payable à sa majesté, ou à quelqu'honoraire d'office, droit ou rente, revenus ou rentes annuels, ou toutes autres matières qui ont l'effet de lier les parties pour l'avenir, ou si c'était une action dans laquelle il pourrait y avoir un procès par jury et dans laquelle le défendeur, par son évocation, ferait option en faveur d'un jury avant de faire sa défense au mérite, toutes ces actions peuvent et doivent être portées à la cour supérieure. A l'égard de l'évocation, si le défendeur la demande, l'action est portée devant la cour supérieure qui examine d'abord si l'évocation est fondée ; si elle l'est, le procès se fait suivant les procédés de la cour supérieure ; si elle ne l'est pas, l'action est renvoyée à la cour de circuit pour y être jugée.

Le demandeur peut aussi demander l'évocation de la cause, lorsque la défense met en doute ses titres à des propriétés, ou affecte ses droits à venir.

Il y a dans le Bas-Canada 26 cours de circuit.

Cour Supérieure.

Il y a une "cour supérieure" pour le Bas-Canada; elle se compose d'un juge en chef et de neuf juges puisnés; quatre d'entr'eux doivent résider à Montréal, quatre à Québec, un à Trois-Rivières, et un autre à Sherbrooke.

La juridiction de cette cour s'étend dans tout le Bas-Canada; elle décide, en première instance, de toutes les causes civiles qui ne sont pas du ressort de la cour de circuit ou de la cour d'amirauté.

Pour être juge de cette cour il faut avoir pratiqué au barreau pendant au moins dix ans.

Les juges de cette cour ne peuvent avoir de siége dans le conseil exécutif, ni dans le conseil législatif, ni dans la chambre d'assemblée, ni aucune autre place de profit sous la couronne. Ils ne peuvent être destitués tant que leur conduite est sans reproche.

Dans les districts de Montréal, de Québec, et de Trois-Rivières, il y a trois sessions ou *termes* par année. A Montréal, la cour siége du 1er. au 20 avril, du 1er. au 20 septembre, du 1er. au 20 décembre; à Québec, du 1er. au 20 avril, du 1er. au 20 septembre, du 1er. au 20 décembre; à Trois-Rivières, du 12 au 25 février, du 1er. au 14 juin; du 1er. au 14 novembre. A Sherbrooke elle ne siége que 2 fois l'année, du 12 au 31 janvier, du 16 au 27 juillet.

Les termes doivent être tenus par au moins deux juges, et pas plus de trois.

La cour peut prolonger les termes au-delà du tems fixé par la loi. De plus, dans les district de Québec et de Montréal cette cour peut, les deux premiers jours juridiques de chaque semaine, excepté durant le mois d'aout, tenir, hors des termes, des séances pour rendre des jugemens dans les causes prises en délibéré, pour entendre et juger les causes par défaut ou *exparte*, les demandes en ratification de titres lorsqu'il n'y a pas d'oppositions, ou que les oppositions ont été admises, les appels ou les évocations de la cour de circuit, les questions de droit soulevées par les plaidoyers, et toutes motions, règles et procédures incidentes. La cour peut aussi, à ces séances hebdomadaires, entendre et juger les causes au mérite, mais seulement du consentement des parties.

Les writs émanés de cette cour le sont au nom de sa majesté ses héritiers et successeurs; ils sont scellés du sceau de la cour, et signés par le protonotaire du district. Lorsqu'il faut quelqu'affidavit avant d'obtenir un writ, le protonotaire a le pouvoir de recevoir le serment nécessaire.

Aucune forme particulière n'est requise pour la rédaction des actions et des plaidoyers. Il suffit que les faits soient articulés d'une manière claire et précise; on doit les interprêter suivant les règles du langage ordinaire. Dans les causes contestées, tout allégué que la partie adverse ne nie pas est censé être admis, et quelque soit le sort de la cause, la cour peut condamner une partie aux dépens de la preuve d'un fait qu'elle n'aura pas admis.

Lorsque le montant demandé est réduit au-dessous de £50, le demandeur ne peut recouvrer que les frais de la cour de circuit.

Il y aura deux nouveaux districts judiciaires, ceux de Kamouraska et de l'Ottawa, aussitôt qu'un palais de justice et une prison auront été érigés dans chacune de ces localités. Un juge de circuit devra résider à Kamouraska et un autre à Aylmer; et ces juges auront, hors des termes de la cour, tous les pouvoirs des juges de la cour supérieure. Il y aura aussi comme dans les autres districts des greffiers, coroners, géoliers, et autres officiers des cours. Il s'y tiendra des sessions générales et spéciales de la paix, de la manière voulue par la proclamation érigeant les nouveaux districts.

On peut en appeler de cette cour à la cour du "banc de la reine", dans tous les cas ou la matière en litige excède la somme de vingt livres sterling; on peut en appeler aussi lorsque l'affaire a rapport à un honoraire d'office, à un droit, rente, revenu, ou somme d'argent payable à sa majesté, ou titres de terres ou d'immeubles, rentes annuelles, ou telles semblables matières ou choses qui ont l'effet de lier les parties pour l'avenir quoique la somme soit au-dessous de £20.

Lorsque le jugement dont on appelle est fondé sur le verdict d'un jury, on ne peut interjeter aucun autre appel qu'un appel d'erreur, afin que la loi seulement, et non le fait, puisse être mise en question.

Cour du Banc de la Reine, ou d'Appel.

Il y a dans le Bas-Canada une cour appelée " cour du banc de la Reine" qui se compose de 4 juges, c. a. d. d'un juge en chef et de 3 juges puisnés, nommés par sa majesté, par lettres patentes, sous le grand sceau de la province. Pour être juge de cette cour, il faut avoir pratiqué comme avocat pendant au moins dix ans, ou avoir déjà été juge de circuit ou juge de la cour supérieure.

Cette cour exerce une juridiction d'appel, elle entend et décide toutes causes dont il y a appel des autres cours inférieures.

Cette cour siége deux fois par année à Québec, et deux fois à Montréal. Elle peut siéger chaque fois aussi longtems qu'il y a des affaires. Le quorum de la cour est de trois; pour renverser un jugement, il faut le concours des trois; pour l'affirmer, deux juges suffisent.

Il y a un greffier des appels, qui se choisit un député, et dont la résidence doit être à Montréal ou à Québec. La forme des writs etc., est la même que pour les autres cours.

Les jugemens rendus par les juges de cette cour doivent être motivés.

On peut en appeler du jugement de cette cour au conseil privé en Angleterre, dans tous les cas ou la somme en litige excède £500 stg. ou lorsque la matière en question a rapport à un honoraire d'office, droit, revenu, rentes, titres d'immeubles, ou toutes autres matières dans lesquelles des droits à venir peuvent être affectés Il faut en appeler dans l'année du jugement.

DES JUGES DE PAIX ET DES TRIBUNAUX CRIMINELS

C'est au commencement du règne de Guillaume le conquérant que l'office de juge de paix prit naissance. Avant le règne d'Edouard III en Angleterre, des juges de paix étaient élus par les habitans de chaque comté. Ce pouvoir fut ensuite transporté au souverain au nom duquel les juges de paix sont nommés aujourd'hui tant dans le royaume-uni que dans les colonies.

Leurs devoirs consistent principalement, suivant les termes de leur commission, à " faire observer les ordonnances et statuts faits pour le bien et la conservation de la paix, conformément à l'autorité, forme, teneur et effets des dits statuts et ordonnances, à châtier et punir toutes personnes qui violeront les dits statuts et ordonnances, etc."

La juridiction des juges de paix ne s'étend qu'à un district. Pour être juge de paix il faut résider dans ce district. Il faut de plus posséder des immeubles de la valeur d'au moins £300. Aucun avocat pratiquant ne peut être juge de paix.

Les juges de paix ne peuvent émaner de warrant pour l'arrestation d'un délinquant que sur la déposition d'un témoin digne de foi, hormis qu'ils eussent été eux-mêmes témoins de l'offense.

Les juges de paix peuvent toujours admettre un accusé à caution, excepté dans les cas de félonies ou de soupçons de félonies clairement établies.

Les juges de paix ont le pouvoir d'administrer le serment dans toutes les affaires qui se rattachent aux poursuites criminelles, et même dans des affaires civiles en vertu de certains statuts.

Un juge de paix ne peut être inquiété pour aucune erreur de jugement, mais s'il agit avec malice ou partialité, il peut être poursuivi à la cour criminelle, ou pour dommages à la cour civile. (*a*)

Dans les villes de Montréal et de Québec, il y a de plus ce qu'on appelle des tribunaux de police correctionelle. Les corporations de ces villes entretiennent sur pied un certain nombre d'hommes de police qui sont chargés d'arrêter les vagabonds ou ceux qui troublent la paix publique. Le gouvernement contribue aussi au maintien de cette police. C'est lui qui nomme et paie le surintendant devant lequel comparaîssent ordinairement les personnes accusées de vagabondage ou d'autres délits mineurs. Tout juge de paix peut agir à la place de ce surintendant.

Lorsqu'une personne est convaincue de mener une vie vagabonde, oisive et déréglée, le juge de paix peut la condamner à payer une amende n'excédant pas £5. A défaut de paiement, il peut la faire emprisonner pour un terme n'excédant pas 2 mois.

Dans toutes les procédures, l'accusation doit être mise par écrit et énoncée par le juge de paix à la partie prévenue qui est tenue d'y répondre immédiatement ; elle doit avoir toutefois un tems raisonnable pour se procurer les témoins nécessaires au soutien de sa défense.

Les ordres, warrants, emprisonnements, ou tout autre acte peuvent aussi être annulés par la manque de forme ou à raison de défauts qui s'y trouvent.

Il est loisible à toute personne convaincue d'une offense d'en appeler aux sessions trimestrielles de la paix, en donnant caution de payer la pénalité adjugée contre elle et tous les frais.

Sessions de Quartier.

La cour des sessions de quartier ou sessions trimestrielles de la paix siége quatre fois par année, et est présidée par un

(*a*) Les personnes qui désireraient avoir de plus amples renseignemens sur les devoirs ou pouvoirs des juges de paix peuvent recourir à l'excellent recueil des lois criminelles anglaises, par Mr. Cremazie.

juge de circuit. Elle ne s'occupe, dans la pratique, que des *délits*, quoique sa juridiction paraisse s'étendre à toutes les offenses moindres que la trahison.

Cour du Banc de la Reine, ou Criminelle.

Il y a enfin la grande cour criminelle composée des juges de la cour du banc de la reine, cette cour " a plein pouvoir et autorité de connaître, entendre, juger et décider, suivant la loi, tous plaids de la couronne, trahisons, meurtres, félonies et délits, crimes et offenses criminelles qui peuvent être commis, et dont il peut être pris connaissance dans le Bas-Canada, excepté ceux qui tombent sous la juridiction de l'Amirauté."

Dans chacun des districts du Bas-Canada, il y a un greffier de la couronne qui agit comme greffier de la cour criminelle et doit signer les ordres qui en sont émanés.

Cette cour siége deux fois par année, et siége chaque fois aussi longtems que les affaires le requièrent.

Un seul juge peut la tenir.

Les juges de la cour supérieure doivent tenir cette cour lorsque ceux du banc de la reine sont empêchés de le faire par des circonstances hors de leur contrôle.

La couronne a aussi le droit d'émaner, quand bon lui semble, une commission générale ou spéciale, d'oyer et terminer, ou d'évacuation générale des procès criminels.

APPENDICE.

DE LA CORRESPONDANCE AVEC LE GOUVERNEMENT.

Des Requêtes.—Des Lettres.

On s'adresse, par requêtes, aux branches de la législature pour obtenir le redressement des griefs auxquels les cours de justice ni les autorités municipales ou locales ne peuvent apporter remède. On s'adresse aussi à la législature pour en obtenir des faveurs, soit pour requérir la passation d'une loi, soit pour demander une somme d'argent, pour des améliorations publiques, ou pour tout autre objet d'un intérêt public et même privé. Lorsqu'on demande une somme d'argent il faut toujours s'adresser à l'exécutif en premier lieu, car lui seul a droit de recommander des votes d'argent. On fait alors une requête à son excellence le gouverneur-général, lequel détermine, après avoir pris l'avis de son conseil, s'il recommandera ou non le vote d'argent demandé. On peut aussi adresser en même tems la requête aux deux autres branches de la législature, en la fesant présenter par un membre.

Hors des sessions on ne peut s'adresser qu'au gouverneur. La forme de ces requêtes est assez simple et n'exige rien de particulier. On commence ordinairement de la manière suivante :

A son Excellence le Très-Honorable (on détaille ici les noms et titres du gouverneur: par exemple aujourd'hui on dirait :) *James, Comte d'Elgin et Kincardine, Gouverneur-*

Général de l'Amérique Britannique du Nord, et Capitaine Général et Gouverneur en chef de cette Province du Canada.

etc., etc., etc.

La requête du soussigné expose humblement :

Que etc. (*on expose en termes aussi clairs et aussi précis que possible l'objet de la requête, et on termine ordinairement en disant :*)

Et votre pétitionnaire ne cessera de prier.

(*Lieu et date.*) (*Signatures.*)

Chaque requête doit à la fin contenir une conclusion qui est un précis ou résumé exact de ce qu'on demande.

Les chambres de la législature ne recoivent aucune requête à moins qu'elle ne soit sous forme de prière ou supplique. Le pétitionnaire ne doit pas se borner à soumettre ses idées, à faire des suggestions ou à donner des renseignemens, il faut que sa demande soit nettement et clairement formulée.

Lorsqu'on demande une somme d'argent précise ou autre chose semblable, on peut mentionner le montant dans le corps de la requête, mais dans la conclusion, il est mieux de dire : *telle somme d'argent que votre honorable chambre trouvera juste ou convenable.* De même lorsqu'on suggère un mode d'effectuer une chose, on doit, après l'avoir exposé dans la conclusion, ajouter : *ou de toute autre manière que votre honorable chambre trouvera convenable.*

Les requêtes adressées à l'assemblée législative commencent ordinairement dans les termes suivans :

Aux Honorables Membres de l'Assemblée Législative réunis en Parlement.

La requête des soussignés (qualités et résidences,) expose humblement :

Que etc., (on expose ici l'objet de la requête.)

C'est pourquoi vos pétitionnaires (résumez ici ce que vous voulez demander.)

Et vos pétitionnaires ne cesseront de prier.

(*Lieu et date.*) (*Signatures.*)

Les signatures doivent se trouver (au moins un certain nombre lorsque la requête est signée par plusieurs) sur la feuille qui contient la fin de la requête et non sur le papier collé au bas. S'il y a des croix elles doivent être certifiées.

On ne doit jamais oublier de dater les requêtes.

Les requêtes adressées au conseil législatif ne demandent rien de plus sinon qu'elles doivent être adressées :

Aux Honorables Membres du Conseil Législatif réunis en Parlement.

On n'adresse jamais de requêtes au conseil exécutif; c'est au gouverneur que ces requêtes doivent être adressées.

Il est d'usage que celui à qui doit être adressée la réponse à une requête écrive en même tems une lettre au secrétaire provincial, l'informant en quelques mots du contenu de la requête, et le priant de la mettre devant son excellence.

Lorsqu'un individu veut communiquer avec le gouvernement, c'est au secrétaire provincial qu'il doit adresser sa lettre ; pourtant la correspondance au sujet des terres de la couronne, des travaux publics, de l'éducation, du revenu et des milices peut se faire directement avec chacun de ces départemens. Les chefs de département font dans ces cas un rapport qu'ils soumettent au gouverneur général en conseil lequel décide la question.

Les lettres écrites au secrétaire provincial ou à tout autre chef de département doivent, comme toutes les lettres d'affaires, être extrêmement claires et précises. Elles ne doivent pas renfermer un mot de trop. D'ailleurs elles n'exigent rien de particulier. Il est d'usage de donner aux différens chefs de département ou du moins à ceux qui font partie du cabinet le titre d'*honorables :* ainsi on adressera sa lettre par exemple :

L'honorable James Leslie,
Secrétaire Provincial.
Québec.

On se sert de préférence de grand papier ou papier officiel. Il est bien de mettre une enveloppe et de cacheter la lettre avec de la cire.

Ces lettres ne doivent pas être partie officielles et partie privées, et en les écrivant, on doit s'attendre qu'il en sera fait mention publiquement.

DES ASSEMBLÉES PUBLIQUES.

Les habitans du Canada ont le droit de se réunir en assemblées publiques, chaque fois qu'ils le jugent à propos, pour prendre en considération des matières d'intérêt public, ou pour faire connaître à leur souverain ou au gouverneur, ou aux chambres législatives, leurs vues à cet égard, soit pour approuver ou pour désapprouver l'administration des affaires publiques. Mais ils doivent le faire paisiblement.

Une loi faite en 1843 par notre législature provinciale pourvoit aux moyens d'arrêter les troubles et le désordre qui règnent malheureusement trop souvent dans ces assemblée, et d'y maintenir l'ordre et la paix.

Lorsque les habitans d'une paroisse, d'un comté, d'une ville ou d'un township désirent s'assembler publiquement, douze au moins des citoyens qualifiés à voter à l'élection des membres de l'assemblée législative, doivent s'adresser au maire ou à deux juges de paix, les requérant de convoquer telle assemblée.

Les deux juges de paix, ou le maire (ou le grand shérif si c'est dans le Haut-Canada) doivent alors publier un avis dans les termes suivans :

Avis.

Aux habitans de la paroisse de.... (*ou du comté ou de la ville de....suivant la circonstance*) et à ou autres sujets de sa majesté que les présentes peuvent en aucune manière concerner :

Attendu que nous A. B. et C. D. deux des juges de paix de sa majesté pour le district de....résidant dans le dit district, avons reçu une réquisition signée par F. G. H.... (*mettant les noms de* 12 *au moins des requérants*) francs-tenanciers de la dite cité...ou paroisse de..ayant droit de voter à l'élection des membres qui doivent servir dans le parlement provincial, en vertu de la propriété qu'ils possèdent dans la dite paroisse.... (*ou cité suivant la circonstance*) nous requérant de convoquer une assemblée publique de (*ici récitez la réquisition ;*) et attendu que nous avons résolu d'accorder la dite réquisition, nous fixons en conséquence la dite assemblée à (*mettez ici le lieu*) le jour de prochain, (ou courant) à heure de l'a midi ce dont toutes personnes sont par les présentes requises de prendre connaissance. Et attendu que la dite assemblée a été ainsi convoquée par nous conformément aux dispositions de l'acte passé dans la septième année du règne de sa présente majesté, chapitre sept, intitulé, *acte pour pourvoir à convoquer et tenir avec ordre les assemblées publiques en cette province et à y mieux conserver la paix publique*, la dite assemblée et toutes les autres personnes qui y assisteront seront en conséquence sous la protection du dit acte, ce dont toutes personnes quelconques sont par le présent strictement requises, au nom de sa majesté, de prendre spécialement connaissance, à leur péril, et de se conduire en conséquence.

Témoins nos seings à (*le lieu*) dans le district de ce jour de

C. D. J. P.
A. B. J. P.

Si l'avis est donné par le maire, il suffit de mettre "je" au lieu de "nous" et mettre résidant dans la ville ou comté.... au lieu de district.

L'avis doit être donné au moins de 3 jours avant le jour fixé pour l'assemblée. Il doit être répandu autant que possible ; des copie imprimées ou écrites doivent être envoyées et distribué dans l'étendue de la localité intéressée à cette assemblée.

Il y a encore une autre manière de mettre une assemblée sous la protection de la loi.

Lorsqu'une personne va déclarer sous serment devant un juge de paix qu'il doit y avoir une assemblée publique, et qu'elle a raison de croire qu'un grand nombre de personnes y assisteront, il est loisible à deux juges de paix de donner avis de cette assemblée, de la manière suivante :

Avis et Déclaration.

Aux habitans de la paroisse de.... (*ou comté, ou ville suivant la circonstance*) et à tous autres sujets de sa majesté que les présenter peuvent en aucune manière concerner :

Attendu que sur information sous serment devant A.... écuyer, un des juges de paix de sa majesté pour le district de....dans lequel doit se tenir l'assemblée ci-après mentionnée, il parait qu'une assemblée publique des habitans de S... doit se tenir à dans le dit comté (*ou suivant la circonstance*) le jour de courant (*ou prochain*) à heure de l'a midi, ou à quelqu'autre heure du dit jour, et qu'il y a raison de croire qu'un grand nombre de personnes y assisteront ; et attendu qu'il paraît expédient à nous A. B. et E. F. deux des juges de paix de sa majesté dans le dit district, que dans la vue de tenir d'une manière plus paisible la dite assemblée et d'y mieux conserver l'ordre public, toutes personnes qui y assisteront soient déclarées être sous la protection d'un certain acte du parlement de cette province passé dans la 7ème année du règne de sa presente majesté chapitre 7, intitulé, *Acte pour pourvoir à convoquer et tenir avec ordre les assemblées publiques en cette province, et à y mieux conserver la paix publique*, nous, dits juges de paix, conformément aux dispositions du dit acte et en vertu des pouvoirs qui nous sont accordés par icelui, donnons par le présent avis que la dite assemblée et aussi par le présent déclarons que la dite assemblée publique, et toutes les personnes qui y assisteront seront sous la protection du dit acte du parlement, ce dont toutes personnes que ce soit sont par le présent strictement requises, au nom de sa majesté, de prendre spécialement connaissance, à leur péril et de se conduire en conséquence.

Témoins, nos seings à dans le district de
ce jour de 18

A. B. J. P.
E. F. J. P.

Les juges de paix doivent faire distribuer des copies de cet avis en aussi grand nombre qu'il leur paraît raisonnable et suivant que peut le permettre le tems fixé pour tenir l'assemblée.

Dans tous les cas, ceux qui convoquent ces assemblées ou qui les declarent sous la protection de la loi, doivent y assister eux-mêmes et se tenir près du lieu de réunion, afin d'y maintenir l'ordre : ils ne doivent se retirer que lorsque l'assemblée s'est dispersée.

Outre ces assemblées dont nous venons de parler, il y a certaines assemblées qui doivent avoir lieu à des époques marquées, en vertu de statuts du parlement, telles que les assemblées requises pour les affaires municipales, les affaires d'écoles, les affaires de chemins, ponts et autres travaux publics.

Pour mettre ces assemblées sous la protection de la loi il suffit que les personnes obligées de les convoquer ajoutent à l'avis de convocation, la clause suivante :

Et qu'il soit notoire que l'assemblée qui se tiendra en vertu des présentes est convoquée conformément aux disposition de l'acte du parlement de la 7ème Victoria chapitre 7, intitulé, *Acte pour pourvoir à convoquer et tenir les assemblées publiques en cette province, et à y mieux conserver la paix publique*, et que la dite assemblée et toutes les personnes qui y assisteront seront en conséquence sous la protection du dit acte, ce dont toutes personnes quelconques sont par le présent, au nom de sa majesté, strictement requises de prendre spécialement connaissance, à leur péril, et de se conduire en conséquence.

Comment sont conduites les assemblées tenues sous la protection de la loi?

Si personne n'est obligé par la loi de présider à une assemblée il faut commencer par faire choix d'un président. Si on ne s'accordait pas sur ce choix, les juges de paix ou autres personnes qui auraient convoqué l'assemblée pourraient demander une division, et décider quelle personne est appelée à la présidence.

Le président doit faire lire publiquement l'avis de convocation ou la déclaration en vertu de laquelle l'assemblée a été mise sous la protection de la loi.

Si quelqu'un voulait interrompre ou troubler l'assemblée il a droit de le faire éloigner du lieu, soit par ordre verbal ou autrement. Il a aussi droit de déclarer par écrit sous sa signature que tel ou tel individu s'est rendu coupable de tentative de trouble ou d'interruption, et il est loisible à tout juge de paix, par warrant sous son seing, d'envoyer immédiatement cet individu à la prison, ou à tout autre lieu de détention temporaire que le juge de paix peut désigner, pendant un tems n'excédant pas 48 heures.

Pour maintenir l'ordre, il peut requérir l'assistance des juges de paix, constables et autres personnes. Il doit demander aux juges de paix d'assermenter un certain nombre de constables spéciaux, s'il croit cette mesure nécessaire pour maintenir la tranquillité.

Toute personne entre l'âge de 18 et 60 ans qui refuserait sans raison de servir comme constable spécial se rendrait coupable d'un délit.

Les juges de paix ont le pouvoir de faire désarmer toute personne qui assisterait à l'assemblée avec des armes à feu, bâtons, ou autre arme quelconque. Celui qui refuserait de livrer ses armes se rendrait aussi coupable d'un délit.

Celui qui se battrait ou battrait quelqu'un pendant le jour de l'assemblée, dans un rayon de deux milles du lieu de réunion serait passible d'une amende qui ne peut excéder £25, ou d'un emprisonnement qui ne doit pas excéder 3 mois.

A l'exception des juges de paix et des constables, personne ne doit venir armé dans ce rayon de deux milles du lieu de l'assemblée.

Toute personne qui en *guetterait* une autre devant revenir de l'assemblée dans l'intention de l'assaillir ou dans le but de la provoquer ou de troubler la paix de quelque manière, serait aussi coupable d'un délit et pourrait être condamnée à une amende n'excédant pas £50 ou à une emprisonnement n'excédant pas 6 mois, ou à l'un et à l'autre, à la discrétion de la cour.

DES TERRES INCULTES.

Il est de la plus grande importance que les personnes qui désirent s'établir dans ce pays connaissent les conditions auxquelles les terres sont accordées.

Les terres à vendre dans le Bas-Canada se divisent en trois classes : les unes sont la propriétés d'individus, d'autres celle de compagnies formées pour les exploiter, et d'autres sont la propriété de la couronne d'Angleterre ou du gouvernement provincial. Nous ne parlerons que de cette dernière classe.

Le Bas-Canada a 68,621 lieues carrées—58,298½ sont comprises sous le nom de terres incultes de la couronne.

Par l'acte constitutionnel de 1791,l'Angleterre reserva pour le soutien d'un clergé protestant un septième des terres incultes, et un autre septième à sa propre disposition—les autres cinq septièmes ont dû être considérés alors comme la propriété de la province.

Depuis 1791 jusqu'à 1832, 1,165,792 arpens de terres incultes de la couronne furent octroyés à un certain nombre de personnes, par lots de plusieurs mille acres. Ces personnes refusant de vendre, autrement qu'à des prix exhorbitans, et les terres de la couronne et du clergé se trouvant reparties et dispersées parmi celles qui appartiennent à ces individus, l'établissement du pays a été considérablement retardé.

Néanmoins depuis quelques années le gouvernement a adopté des mesures qui semblent promettre des résultats avantageux.

Toutes les terres de la couronne dans l'étendue du Bas-Canada sont actuellement à vendre à des prix qui varient de 2s à 6s l'acre, et à des conditions faciles.

Voici d'ailleurs ces conditions, telles qu'elles ont été publiées dans la gazette officielle ;

BUREAU DES TERRES DE LA COURONNE,

Montréal, 2 *Mars*, 1849.

AVIS PUBLIC est par le présent donné, que le prix de départ des Terres de la Couronne dans le Bas-Canada, et les conditions de paiement, seront à l'avenir comme suit, pour les colons :

Pour les Terres de la Couronne au sud du fleuve St. Laurent, en descendant jusqu'à la rivière Chaudière et au chemin Kennebec, y compris le township de Newton, comté de Vaudreuil, 4s. l'acre.

Pour dito dito, à l'est de la rivière Chaudière et du chemin Kennebec, y compris les comtés de Bonaventure et Gaspé, 2s. l'acre.

Pour dito au nord du fleuve St. Laurent, depuis la limite ouest du comté des Deux-Montagnes, jusqu'à la limite est du comté de Saguenay, 2s. l'acre.

N. B.—Les occupants actuels de lots dans la Saguenay les pourront acheter à 1s. l'acre, en payant le prix, le ou avant le 1er Janvier prochain.

Pour dito, comté de l'Ottawa ; les terres dans les townships déjà annoncées en vente, 4s. l'acre.

Dito de celles qui le seront ci-après, 3s. l'acre.

Un quart du prix d'achat sera payable dans cinq ans de la date de l'acquisition.

Les autres trois quarts seront payables en trois versements égaux, à des intervalles de deux ans chaque ; le tout avec intérêt.

Personne ne pourra acheter à ces conditions plus de cent acres ; et toute vente par une plus grande quantité pourra être annulée.

L'acheteur, en prenant possession du lot, sera tenu d'ouvrir la moitié de la largeur du chemin sur tout le front de sa terre ; et dans quatre ans de la date de l'achat, de défricher un dixième de la terre, et d'y résider.

Il ne sera émané de patente en faveur de l'acheteur que lorsqu'il aura été prouvé d'une manière satisfaisante qu'il a rempli les conditions de défrichement et autres ci-dessus mentionnées ; et que la totalité du prix d'achat et des intérêts aura été payée.

Les acquéreurs, ou autres occupants, ne pourront couper de bois sur leurs lots (à l'exception de ce qu'il leur faudra abattre pour défrichement, ou autres objets d'agriculture) ni en vendre, sans une licence de l'agent.

Les droits provenant de bois coupé en vertu de telle licence seront portés à l'acquit du prix de la terre, pourvu que les améliorations voulues soient faites, sinon ils iront à la couronne.

Les bois coupé sans permission sur des terres sous location, avant l'accomplissement de toutes les conditions requises, sera considéré comme bois de la couronne coupé sans licence.

Les demandes pour achat devront être faites aux agents locaux respectifs.

Il reste encore des terres arpentées partout. Ceux qui désirent en acheter qui ne sont pas encore arpentées doivent les faire arpenter à leurs frais ; mais ces frais forment partie du prix d'achat et sont déduits lors du paiement des terres.

En général, comme il est dit plus haut, il faut s'adresser, pour tous les renseignemens que l'on veut obtenir aux différens agens du gouvernement.

ARTICLES DES CAPITULATIONS.

DONT LES DISPOSITIONS SONT ENCORE EN FORCE.

CAPITULATION DE QUEBEC.—18 Septembre 1759.

Art. II.

Que les habitans soient conservés dans la possession de leurs maisons, biens, effets et privilèges.—" Accordé en mettant bas les " armes."

Art. VI.

Que l'exercise de la Religion Catholique, Apostolique et Romaine, sera conservé ; que l'on donnera des sauves-gardes aux maisons ecclésiastiques et religieuses, particulièrement à Monseigneur l'Evêque de Québec, qui, rempli de zèle pour la religion, et de charité pour le peuple de son diocèse, désire y rester constamment, exercer librement et avec la décence, que son état et les sacrés ministères de la religion romaine requerront, son autorité épiscopale dans la ville de Québec, lorsqu'il le jugera à propos jusqu'à ce que la possession du Canada, ait été décidée par un traité entre Sa Majesté Très Chrétienne et Sa Majesté Britannique.— " Libre exercice de la Religion Romaine, sauves-gardes à toutes " personnes religieuses, ainsi qu'à Monsgr. l'Evêque, qui pourra " venir exercer librement et avec décence, les fonctions de son " état, lorsqu'il le jugera à propos, jusqu'à ce que la possession du " Canada, ait été décidée, entre Sa Majesté Britannique et Sa " Majesté Très Chrétienne."

CAPITULATION DE MONTREAL.—9 Septembre 1760.

Art. XXII.

Le libre exercise de Religion Catholique, Apostolique et Romaine subsistera en son entier, en sorte que tous les états et le peuple des villes et des campagnes, lieux et postes éloignés pourront continuer de s'assembler dans les églises et de fréquenter les sacremens, comme ci-devant, sans être inquiétés en aucun manière, directement ni indirectement. Ces peuples seront obligés par le gouvernement anglais à payer aux prêtres qui en prendront soin, les dîmes et tous les droits qu'ils avaient coutume de payer sous le gouvernement de Sa Majesté Très-Chrétienne.—" Accordé " pour le libre exercice de leur religion ; l'obligation de payer les " dîmes aux prêtres, dépendra de la volonté du roi."

ART. XXVIII.

Le chapitre, les prêtres, curés et missionnaires continueront avec entière liberté leurs exercices et fonctions curiales, dans les paroisses des villes et des campagnes.—" Accordé."

ART. XXIX.

Les grands vicaires nommés par le chapitre pour administrer le diocèse pendant la vacance du siége épiscopal, pourront demeurer dans les villes ou paroisses des campagnes suivant qu'ils le jugeront à propos ; ils pourront en tout tems visiter les paroisses du diocèse, avec les cérémonies ordinaires. " Accordé."

ART. XXXII.

Les communautés de filles seront conservées dans leurs constitutions et privilèges : elles continueront d'observer leurs règles, elles seront exemptes du logement des gens de guerre, et il sera fait défense de les troubler dans les exercices de piété qu'elles pratiquent, ni d'entrer chez elles, on leur donnera même des sauvesgardes, si elles en demandent.—" Accordé."

ART. XXXIV.

Toutes les communautés et tous les prêtres conserveront leurs meubles, la propriété et l'usufruit des seigneuries et autres biens que les uns et les autres possèdent dans la colonie, de quelque nature qu'ils soient ; et les dits biens seront conservés dans leurs privilèges, droits, honneurs et exemptions.—" Accordé."

ART. XXXV.

Si les chanoines, prêtres, missionnaires, les prêtres des missions étrangères et de Saint Sulpice, ainsi que les jèsuites et les récollets veulent passer en France, le passage leur sera accordé sur les vaisseaux de Sa Majesté Britannique ; et tous auront la liberté de vendre, en total ou partie, les biens fonds et mobiliers qu'ils possèdent dans la colonie, soit aux français ou aux anglais, sans que le gouvernement britannique puisse y mettre le moindre empêchement ni obstacle. Ils pourront emporter avec eux, ou faire passer en France, le produit de quelque nature qu'il soit, des dits biens vendus, en payant le fret, comme il est dit à l'article 26, et ceux d'entre les prêtres, qui voudront passer cette année, seront nourris pendant la traversée aux dépens de Sa Majesté Britannique, et pourront emporter avec eux leurs bagages.—" Ils seront les maî- " tres de disposer de leurs biens et d'en passer le produit, ainsi que " leurs personnes et tout ce qui leur appartiendra en France."

ART. XXXVII.

Les seigneurs de terre, les officiers militaires et de justice, les Canadiens, tant des villes que des campagnes, les Français établis ou commerçants dans toute l'étendue de la colonie du Canada, et toutes autres personnes,que ce puissent être, etc., conserveront l'entière paisible propriété et possession de leurs biens seigneuriaux et roturiers ; meubles et immeubles, marchandises, pelleteries et autres effets, même de leurs bâtiments de mer.—" Accordé."

ART. XL.

Les Sauvages ou Indiens alliés de Sa Majesté Très-Chrêtienne, seront maintenus dans les terresqu'ils habitent, s'ils veulent y rester ; ils ne pourront être inquiétés sous quelque prétexte que ce puisse être, pour avoir pris les armes et servi Sa Majesté Très-Chrétienne, ils auront comme les Français, la liberté de religion ; et conserveront leurs missionnaires.

ART. XLV.

Les régistres et autres papiers du conseil supérieur de Québec, de la provosté et amirauté de la même ville, ceux des jurisdictions royales des Trois-Rivières et de Montréal, ceux des jurisdictions seigneuriales de la colonie, les minutes des actes des notaires des villes et des campagnes, et généralement les actes et autres papiers qui peuvent servir à justifier l'état et la fortune des citoyens, resteront dans la colonie, dans les greffes des jurisdictions, dont ces papiers dépendent.—" Accordé."

La capitulation de Québec se compose de 11 articles et celle de Montréal de 65. Les articles qui ne sont pas rapportés ici n'avaient rapport qu'à la circonstance et ne sont plus applicables aujourd'hui.

Traité de paix conclu entre les rois de France et de la Grande-Bretagne, le 10 février 1763.

" Sa Majesté Très-Chrétienne (le Roi de France) renonce à
" toutes prétentions qu'elle a jusqu'ici formées ou pourrait former
" sur la Nouvelle-Ecosse ou Acadie, dans toutes ses parties et en
" garantit le tout et toutes ses dépendances au roi de la Grande-
" Bretagne.

" De plus Sa Majesté Très-Chrétienne, cède et garantit à Sa
" dite Majesté Britannique, en plein droit, le Canada, avec toutes
" ses dépendances, ainsi que l'Isle du Cap Breton, et toutes les autres
" isles et côtes dans le golfe et le Fleuve Saint Laurent, et en gé-
" néral tout ce qui dépend des dits pays, terres, isles, et côtes avec
" la souveraineté, propriété, possession et tous droits acquis par
" traités, ou autrement que le roi Très-Chrétien et la Couronne de
" France ont eu jusqu'à présent, sur les dits pays, isles, terres, pla-
" ces, côtes et leurs habitans, de sorte que le roi Très-Chrétien
" cède et transporte le tout aux dits roi et Couronne de la Grande-
" Bretagne, et cela de la manière et forme les plus amples, sans res-
" triction et sans pouvoir s'écarter de la dite garantie, sous aucun
" prétexte, ou de pouvoir troubler la Grande-Bretagne, dans les
" possessions sus-mentionnées.

" Sa Majesté Britannique, de son côté, consent d'accorder la li-
" berté de la religion Catholique aux habitans du Canada. Elle
" donnera en conséquence les ordres les plus efficaces, que ses nou-
" veaux sujets Catholiques Romains, puissent professer le culte de
" leur religion, selon les rites de l'Eglise de Rome, autant que les
" lois d'Angleterre le permettront.

" Sa Majesté Britannique, consent de plus que les habitans
" français ou autres, qui avaient été sujets du roi Très-Chrétien,
" en Canada, puissent se retirer en toute sureté et liberté, où ils
" jugeront à propos ; qu'ils vendent leurs biens, pourvu que ce soit
" à des sujets de Sa Majesté Britannique ; et qu'ils emportent leurs
" effets avec eux, sans être restreints dans leur émigration, sous
" aucun prétexte quelconque, à l'exception de celui des dettes ou
" des poursuites criminelles ; le terme limité pour cette émigration
" sera fixé à l'espace de dix-huit mois, à compter du jour de l'é-
" change de la ratification du présent traité."

Acte de la 14e Geo. III, ch. 83, appelée communément l'Acte de Québec.

Les deux premières clauses concernent les limites de la province appelée alors "Province de Québec."

Art. III.

Pourvu aussi, et il est établi, que rien de ce qui est contenu dans cet acte ne s'étendra, ou s'entendra s'étendre à annuler, changer ou altérer aucuns droits, titres ou possessions, résultans de quelques concessions, actes de cession, ou d'autres que ce soit, d'aucunes terres dans la dite province, ou provinces y joignantes, et que les dits titres resteront en force, et auront le même effet, comme si cet acte n'eût jamais été fait.

Art. IV.

" Et comme les règlemens faits par la dite proclamation, eu " égard au gouvernement civil de la dite Province de Québec, ainsi " que les pouvoirs et autorités donnés au gouverneur et autres of- " ficiers civiles en la dite province, par concessions ou commissions " données en conséquence d'iceux, ont par l'expérience, été trou- " vés désavantageux à l'état et aux circonstances de la dite pro- " vince, le nombre de ses habitans montant ` la conquête à plus de " soixante-cinq mille personnes qui professaient la religion de l'é- " glise de Rome, et qui jouissaient d'une forme stable de constitu- " tion, et d'un système de lois, en vertu desquelles leurs personnes " et leurs propriétés ont été protégées, gouvernées et réglées pen- " dant une longue suite d'années, depuis le premier établissement de " la dite province du Canada ;" il est à ces causes, aussi établi par la susdite autorité, que la dite proclamation, quant à ce qui concerne la dite province de Québec ; que les commissions en vertu desquelles la dite province est à présent gouvernée ; que toutes et chacune ordonnances faites pendant ce tems par le gouverneur et conseil de Québec, qui concernent le gouvernement civil et l'administration de la justice de la dite province, ainsi que toutes les commissions de juges et autres officiers d'icelle, soient, et elles sont par ces présentes infirmées, révoquées et annulées, à compter depuis et après le premier jour de mai, mil sept cent soixante-quinze.

Art. V.

" Et pour la plus entière sureté et tranquillité des esprits des " habitans de la dite province ;" Il est par ces présentes déclaré, que les sujets de sa majesté professant la religion de l'église de Rome dans la dite province de Québec, peuvent avoir, conserver et jouir du libre exercice de la religion de l'église de Rome, soumise à la suprématie du roi, déclarée et établie par un acte fait dans la première année du règne de la reine Elisabeth, sur tous les domaines et pays qui appartenaient alors, ou qui appartiendraient par la suite, à la couronne impériale de ce royaume ; et que le clergé de la dite église peut tenir, recevoir et jouir de ses dûs et droits accoutumés, eu égard seulement aux personnes qui professeront la dite religion.

Art. VI.

Pourvû néanmoins, qu'il sera loisible à sa majesté, ses héritiers et successeurs, de faire telles applications du résidû des dits dûs et droits accoutumés, pour l'encouragement de la religion protestante, et pour le maintien et la subsistance d'un clergé protestant dans la dite province, ainsi qu'ils le jugeront, en tous tems, nécessaire et utile.

Art. VII.

Pourvû aussi, et il est établi, que toutes personnes professant la religion de l'église de Rome, et qui résideront en la dite province, ne seront point obligées de prendre le serment ordonné par le dite acte, passé dans la première année du règne de la reine Elisabeth, ou quelqu'autre serment substitué en son lieu et place par aucun autre acte ; mais que toutes telles personnes, à qui par le dit statut, il est ordonné de prendre le serment qui y est contenu, seront contraintes, et il leur est ordonné de prendre et souscrire le serment ci-après, devant le gouverneur, ou telle autre personne, dans tel greffe qu'il plaira à sa majesté d'établir, qui sont par ces présentes autorisés à le recevoir, ainsi qu'il suit :

" Je, *A. B.*, promets sincèrement et affirme par serment, que " je serai fidèle, et que je porterai vraie foi et fidélité à sa majesté " le roi George, que je le défendrai de tout mon pouvoir et en tout " ce qui dépendra de moi, contre toutes perfides conspirations et " tous attentats quelconques, qui seront entrepris contre sa per- " sonne, sa couronne et sa dignité ; et que je ferai tous mes efforts " pour découvrir et donner connaissance à sa majesté, ses héritiers " et successeurs, de toutes trahisons, perfides conspirations, et de " tous attentats, que je pourrai apprendre se tramer contre lui ou " aucun d'eux ; et je fais serment de toutes ces choses sans aucune " équivoque, subterfuge mental, et restriction secrète, renonçant " pour m'en relever à tous pardons et dispenses d'aucuns pouvoirs " et personnes quelconques.

" Ainsi Dieu me soit en aide."

Et que toutes telles personnes qui négligeront ou refuseront de prendre le dit serment ci-dessus écrit encourront et seront sujettes aux mêmes peines, amendes, inhabilités et incapacités, qu'elles auraient encourues et auxquelles elles auraient été sujettes pour avoir négligé ou refusé de prendre le serment ordonné par le dit statut, passé dans la première année du règne de la Reine Elizabeth.

Art. VIII.

Il est aussi établi par la susdite autorité, que tous les sujets Canadiens de sa majesté en la dite Province de Québec, (les ordres religieux et communautés seulement exceptés,) pourront aussi tenir leurs propriétés et possessions, et en jouir, ensemble de tous les usages et coutumes qui les concernent, et de tous leurs autres droits de citoyens, d'une manièr aussi ample, aussi étendue, et aussi avantageuse, que si les dites proclamations, commissions, ordonnances, et autres actes et instruments, n'avaient point été faits, en gardant à sa majesté la foi et fidélité qu'ils lui doivent, et la soumission due à la couronne et au parlement de la Grande-Bretagne: et que dans toutes affaires en litige, qui concerneront leurs propriétés et leurs droits de citoyens, ils auront recours aux lois du Canada, comme les maximes sur lesquelles elles doivent être décidées; et que tous procès qui seront à l'avenir intentés dans aucune des cours de justice, qui seront constituées dans la dite province, par sa majesté, ses héritiers et successeurs, y seront jugés, eu égard à telles propriétés et à tels droits, en conséquence des dites lois et coutumes du Canada, jusqu'à ce qu'elles soient changées ou altérées par quelques ordonnances qui seront passées à l'avenir dans la dite province par le gouverneur, lieutenant-gouverneur, ou commandant en chef, de l'avis et consentement du conseil législatif qui y sera constitué de le manière ci-après mentionnée.

Art. IX.

A condition toutefois, que rien de ce qui est contenu dans cet acte ne s'étendra, ou s'entendra s'étendre, à aucunes des terres qui ont été concédées par sa majesté, ou qui le seront ci-après par sa dite majesté, ses héritiers et successeurs, en franc et commun soccage.

Art. X.

Pourvu aussi, qu'il sera et pourra être loisible à toute et chaque personne, propriétaire de tous immeubles, meubles ou intérêts, dans la dite province, qui aura le droit d'aliéner les dits immeubles, meubles ou intérêts, pendant sa vie, par ventes, donations, ou autrement, de les tester et léguer à sa mort par testament et acte de dernière volonté, nonobstant toutes lois, usages et coutumes à ce contraires, qui ont prévalu, ou qui prévalent présentement en la dite province; soit que tel testament soit dressé suivant les lois du Canada, ou suivant les formes prescrites par les lois d'Angleterre.

ART. XI.

" Et comme la clarté et la douceur des lois criminelles d'An-
" gleterre, dont il résulte des bénéfices et avantages que les habi-
" tans ont sensiblement ressentis par une expérience de plus de
" neuf années, pendant lesquelles elles ont été uniformement ad-
" ministrées," il est, à ces causes, aussi établi par la susdite autorité, qu'elles continueront à être administrées, et quelles seront observées comme lois dans la dite Province de Québec, tant dans l'explication et qualité du crime que dans la manière de l'instruire et de le juger, en conséquence des peines et des amendes qui sont par elles infligées, à l'exclusion de tous autres règlemens de lois criminelles, ou manière d'y procéder qui ont prévalu, ou qui ont pu prévaloir en la dite province, avant l'année de notre Seigneur mil sept cent soixante-quatre, nonobstant toutes choses à ce contraires contenues en cet acte à tous égards, sujets cependant à tels changemens et corrections que le gouverneur, lieutenant-gouverneur, ou commandant en chef, de l'avis et consentement du conseil législatif de la dite province qui y sera établi par la suite, fera à l'avenir, dans la manière ci-après ordonnée.

Clauses non encore rappelées de la 31ème Geo. 3, ch. 31, appelée " l'Acte Constitutionnel."

ART. XXXV.

Et vû que par l'acte ci-dessus mentionné, passé dans la quatorzième année du règne de sa présente majesté, il a été déclaré que le clergé de l'église romaine dans la province de Québec, pourrait conserver, recevoir et jouir de leurs dûs et droits accoutumés, eu égard à telles personnes seulement qui professeraient la dite religion ; pourvû néanmoins, qu'il serait légal à sa majesté, ses héritiers ou successeurs, de faire telle provision du surplus des dits dûs et droits accoutumés pour l'encouragement de la religion protestante, et pour l'entretien et le soutien d'un clergé protestant dans la dite province, ainsi qu'ils le jugeraient nécessaire et expédient de tems à autre ; et vu que par les instructions royales de sa majesté, données sous le seing royal manuel de sa majesté le troisième jour de janvier, dans l'année de notre Seigneur mil sept cent soixante-quinze, à GUY CARLETON, écuyer, actuellement LORD DORCHESTER, alors capitaine-général et gouverneur-en-chef de sa majesté dans la province de Québec, il a plu à sa majesté, entre autres choses, d'ordonner : " Qu'aucun bénéficier, professant la religion de l'église romaine, nommé à aucune paroisse " dans la dite province, n'aurait droit de recevoir aucunes dîmes " sur les terres ou possessions occupées par un protestant, mais " que telles dîmes seraient reçues par telles personnes que le dit " GUY CARLETON, écuyer, capitaine-général et gouverneur-en-chef " de sa majesté, dans la dite province de Québec, nommerait, et " seraient réservées entre les mains du receveur-général de sa " majesté dans la dite province, pour le soutien d'un clergé protestant en icelle qui y résidera alors et non autrement, conformément à tels ordres que le dit GUY CARLETON, écuyer, capitaine-général et gouverneur-en-chef de sa majesté dans la dite province, recevrait de sa majesté à cet égard ; et que dans la même " manière toutes rentes et profits résultant d'un bénéfice vacant, " devraient, pendant telle vacance, être réservés et appliqués aux " semblables usages ;"— Et vu que le plaisir de sa majesté a également été signifié pour le même effet dans les instructions royales de sa majesté, données dans la même manière à SIR FREDERICK HALDIMAND, chevalier du très-honorable ordre du bain, ci-devant capitaine-général, et gouverneur-en-chef de sa majesté dans la dite province de Québec ; et aussi dans les instructions royales de sa majesté, données en semblable manière, au dit très-honorable GUY, LORD DORCHESTER, actuellement capitaine-général et gouverneur-en-chef de sa majesté dans la dite province de Québec : il est statué par la dite autorité, que la dite déclaration et provision, contenues dans le dit acte ci-dessus mentionné, et aussi la dite provision ainsi faite par sa majesté en conséquence d'icelui, par ses instructions ci-devant récitées, resteront et continueront d'être en pleine force et effet dans chacune des dites deux provinces du Haut-Canada et du Bas-Canada respectivement, excepté en autant que la dite déclaration et provision respectivement, ou aucune partie d'icelles, seront expressément variées ou rappelées par aucun acte ou actes qui pourront être passés par le conseil législatif et l'assemblée des dites provinces respectivement, et approuvés par sa majesté, ses héritiers ou successeurs, sous la restriction ci-après pourvue.

ART. XXXVI.

Et vu qu'il a gracieusement plu à sa majesté, par message aux chambres du parlement, d'exprimer son désir royal d'avoir les moyens de faire une appropriation permanente de terres dans les dites provinces, pour le soutien et l'entretien d'un clergé protestant dans icelles proportionnellement à telles terres qui ont été déjà concédées dans icelles par sa Majesté ; et vû qu'il a gracieusement plû à sa majesté, par son dit message, de signifier de plus son désir royal, que telle provision puisse être faite, eu égard à toutes futures concessions de terres dans les dites provinces respectivement, qui pourra le mieux conduire au convenable et suffisant maintien et entretien d'un clergé protestant dans les dites provinces, en proportion à tel accroissement qui pourra arriver dans la population et la culture d'icelles ; à ces causes, à l'effet de remplir plus efficacement les intentions gracieuses de sa majesté, comme ci-dessus, et de pourvoir à l'exécution convenable d'icelles dans tout tems à venir, il est statué par la dite autorité, qu'il sera et pourra être légal à sa majesté, ses héritiers ou successeurs, d'autoriser le gouverneur ou le lieutenant-gouverneur de chacune des dites provinces respectivement ou la personne qui y aura l'administration du gouvernement, de faire avec et à même les terres de la couronne dans telles provinces, telle concession et appropriation des terres pour le soutien et l'entretien d'un clergé protestant dans icelles, qui pourront avoir une proportion convenable au montant de telles terres dans icelles qui ont en aucun tems été concédées par ou sous l'autorité de sa majesté : et que toute fois qu'aucune concession de terres dans l'une ou l'autre des dites provinces sera ci-après accordée par et sous l'autorité de sa majesté, ses héritiers ou successeurs, il sera fait en même tems, eu égard à icelle, une concession et appropriation proportionnée de terres pour l'objet ci-devant mentionné, dans la jurisdiction ou paroisse de laquelle telles terres ainsi à concéder dépendront, ou y seront annexées, ou aussi contigues à icelle que les circonstances l'admettront ; et que telle concession ne sera pas valide ou efficace, à moins qu'elle ne contienne une spécification des terres ainsi concédées et appropriées, eu égard aux terres qui doivent être par là concédées ; et que telles terres ainsi concédées et appropriées seront, aussi près que les circonstances et la nature du cas pourront l'admettre, de semblable qualité que les terres à l'égard desquelles elles sont ainsi concédées et appropriées, et seront, aussi près qu'elles pourront être estimées dans le tems de telle concession, égales en valeur à la septième partie des terres ainsi concédées.

Art. XXXVII.

Et il est de plus statué par la dite autorité, que toutes et chacune des rentes, profits ou émolumens, qui pourront en aucun tems provenir de telles terres ainsi concédées et appropriées comme ci-dessus, seront applicables seulement à l'entretien et maintien d'un clergé protestant dans la province dans laquelle elles seront situées, et non à aucun autre usage ou objet quelconque.

Art. XXXVIII.

Et il est de plus statué par la dite autorité, qu'il sera et pourra être légal à sa majesté, ses héritiers ou successeurs, d'autoriser le gouverneur ou le lieutenant-gouverneur de chacune des dites provinces respectivement, ou la personne qui y aura l'administration du gouvernement, de tems à autre, de l'avis de tel conseil exécutif qui aura été nommé par sa majesté, ses héritiers ou successeurs, dans telle province, pour les affaires d'icelle de constituer et ériger chaque jurisdiction ou paroisse, qui est actuellement ou qui pourra ci-après être formée, constituée ou érigée dans telle province, un ou plusieurs bénéfice ou cure, bénéfices ou cures, suivant l'établissement de l'église anglicane; et de tems à autre, par acte sous le grand sceau de telle province, de fonder chaque tel bénéfice ou cure avec antant ou telle partie des terres ainsi concédées et appropriées comme ci-dessus, eu égard à aucunes terres dans telle jurisdiction ou paroisse, qui auront été concédées depuis le commencement de cet acte, ou à telles terres qui peuvent avoir été concédées et appropriées pour le même effet, par ou en vertu d'aucune instruction qui pourra être donnée par sa majesté, eu égard à aucunes terres concédées par sa majesté avant le commencement de cet acte, comme tel gouverneur, lieutenant-gouverneur, ou personne qui aura l'administration du gouvernement, avec l'avis du dit conseil exécutif, le jugera convenable, d'après les circonstances alors existantes concernant telle jurisdiction ou paroisse.

Art. XXXIX.

Et il est de plus statué par la dite autorité, qu'il sera et pourra être légal à sa majesté, ses héritiers ou successeurs, d'autoriser le gouverneur, le lieutenant-gouverneur, ou la personne qui aura l'administration du gouvernement de chacune des dites provinces respectivement, de nommer à chacun tel bénéfice ou cure, un bénéficier ou ministre de l'église anglicane, qui aura été duement ordonné suivant les rites de la dite église, et de remplir de tems à autre, telles vacances qui pourront y arriver; et que chaque personne ainsi nommée à aucun tel bénéfice ou cure, les tiendra et en jouira, ainsi que de tous droits, profits et émolumens y appartenans ou accordés à iceux, aussi pleinement et amplement et de la même manière, et aux mêmes termes et conditions, et sujet à l'exécution des mêmes fonctions,—qu'un bénéficier d'un bénéfice ou cure en Angleterre.

Art. XL.

Pourvu toujours, et il est de plus statué par la dite autorité, que chaque telle nomination d'un bénéficier ou ministre à aucun tel bénéfice ou cure, et aussi la jouissance d'aucun tel bénéfice ou cure et des droits, profits et émolumens d'iceux, par aucun tel bénéficier ou ministre, seront sujettes et soumises à tous droits d'institution, et à toute autre jurisdiction et autorité spirituelles et ecclésiastiques qui ont été légalement accordées par les lettres-patentes royales de sa majesté, à l'évêque de la Nouvelle-Ecosse ; ou lesquelles pourront ci-après, par l'autorité royale de sa majesté, être légalement accordées, ou désignées pour être administrées et exécutées dans les dites provinces, ou dans l'une ou l'autre d'icelles respectivement, par le dit évêque de la Nouvelle-Ecosse, ou par aucune autre personne ou personnes, conformément aux lois et canons de l'église anglicane, qui sont légalement établis et reçus en Angleterre.

Art. XLI.

Pourvu toujours, et il est de plus statué par la dite autorité, que les diverses provisions ci-devant contenues concernant la concession et l'appropriation des terres pour le maintien d'un clergé protestant dans les dites provinces, et aussi concernant la constitution, l'érection et la fondation des bénéfices ou cures dans les dites provinces, et aussi concernant la nomination des bénéficiers ou ministres à iceux, et aussi concernant la manière en laquelle tels bénéficiers ou ministres les tiendront et en jouiront, seront sujets à être variés ou rappelés par aucunes provisions expresses à cet effet, contenues dans aucun acte ou actes qui pourront être passés par le conseil législatif et l'assemblée des dites provinces respectivement, et approuvés par sa majesté, ses héritiers ou successeurs, sous la restriction ci-après pourvue.

Art. XLIII.

Et il est de plus statué par la dite autorité, que toutes terres qui seront ci-après concédées dans la dite province du Haut-Canada seront concédées en franc et commun soccage, en la semblable manière que les terres sont actuellement tenues en franc et commun soccage, dans cette partie de la Grande-Bretagne nommée Angleterre, et que dans chaque cas que des terres seront concédées ci-après dans la dite province du Bas-Canada, et où le concessionnaire d'icelles désirera qu'elles soient concédées en franc et commun soccage, elles seront ainsi concédées ; mais sujettes néanmoins à telles altérations, eu égard à la nature et les conséquences de telle tenure en franc et commun soccage, qui pourront être établies par aucune loi ou lois qui pourront être faites par sa majesté, ses héritiers ou successeurs, par et de l'avis et consentement du conseil législatif et de l'assemblée de la province.

Acte pour réunir les Provinces du *Haut* et du *Bas-Canada*, et pour le gouvernement du *Canada*.

3 et 4 Vict. ch. 35.

(23 *juillet*, 1840.)

ATTENDU qu'il est nécessaire de pourvoir au bon gouvernement des provinces du *Haut* et du *Bas-Canada*, de manière à assurer les droits et les libertés, et à promouvoir les intérêts de toutes les classes des sujets de sa majesté en icelles : Et vu qu'à ces causes il est expédient que les dites provinces soient réunies et ne forment qu'une seule province pour les fins de gouvernement exécutif et de législation : Qu'il soit en conséquence statué par la très excellente majesté de la Reine, par et de l'avis et du consentement des lords spirituels et temporels, et des communes, assemblées en ce présent parlement, et par leur autorité, qu'il sera loisible à sa majesté, de l'avis de son conseil privé, de déclarer, ou autoriser le gouverneur général des dites deux Provinces du *Haut* et du *Bas-Canada* à déclarer par proclamation qu'à, depuis et après un certain jour qui devra être fixé par telle proclamation et être dans les quinze mois de calendrier suivant la passation du présent acte, les dites provinces ne formeront et ne constitueront qu'une seule et même province, sous le nom de *Province* du *Canada*, et depuis et après le dit jour fixé comme susdit, inclusivement, les dites provinces ne constitueront et ne formeront qu'une seule province sous le nom susdit.

II. Et qu'il soit statué, que telles parties d'un acte passé dans la session du parlement, tenue dans la trente et unième année du règne de sa majesté le Roi George Trois, intitulé *acte pour rappeler certaines parties d'un acte passé dans la quatorzième année du règne de sa majesté*, intitulé *acte pour pourvoir plus efficacement au gouvernement de la Province de* Québec dans l'Amérique Septentrionale, *et pour pourvoir plus amplement au gouvernement de la dite province*, en autant que le dite acte pourvoit à la constitution et à la composition d'un conseil législatif et d'une assemblée, dans chacune des dites provinces respectivement, ainsi qu'à la confection des lois, et aussi l'acte entier passé dans la session du parlement tenue dans les première et seconde années du règne de sa majesté actuelle, intitulé *acte pour pourvoir temporairement au gouvernement du Bas-Canada ;* et aussi l'acte entier passé dans la session du parlement, tenue dans les seconde et troisième années du règne de sa présente majesté, intitulé, *acte pour amender un acte de la dernière session du parlement, qui pourvoit temporairement au gouvernement du Bas-Canada ;* et aussi l'acte entier passé dans la session du parlement, tenue dans les première et seconde années du règne de feu sa majesté le Roi

Guillaume Quatre, intitulé *acte pour amender un acte de la quatorzième année de sa majesté le Roi George Trois, établissant un fonds pour subvenir aux dépenses de l'administration de la justice et au maintien du gouvernement civil dans la Province de Québec* en Amérique, continueront d'être en force jusqu'au jour qui aura été déclaré être par proclamation comme susdit, celui où les dites deux provinces ne constitueront et ne formeront qu'une seule province comme susdit, et seront abrogés depuis et après le dit jour inclusivement: Pourvu toujours, que l'abrogation des divers actes et parties d'actes susdits du parlement n'aura pas l'effet de faire revivre ou de remettre en force ou en activité aucunes dispositions législatives qui peuvent avoir été abrogées ou circonscrites par les dits actes ou par aucun d'eux.

III. Et qu'il soit statué, que depuis et après la réunion des dites deux provinces, il y aura dans la Province du Canada un conseil législatif et une assemblée qui seront respectivement constitués et composés en la manière ci-après prescrite, et qui seront appelés " le conseil législatif et l'assemblée du Canada"; et sa majesté aura le pouvoir de faire dans la Province du Canada, par et de l'avis et du consentement des dits conseil législatif et assemblée, des lois pour la paix, le bien-être et le bon gouvernement de la Province du Canada, et qui ne devront pas être contraires au présent acte, ou à telles parties de l'acte susdit passé dans la trente et unième année du règne de feue sa majesté susdite, qui ne sont pas abrogées par ces présentes, ou à aucun acte du parlement, qui n'est pas révoqué par ces présentes, ou qui pourrait être passé, et qui, par des dispositions expresses ou par induction nécessaire, pourrait s'étendre aux Provinces du *Haut* et du *Bas-Canada*, ou à l'une ou l'autre d'icelles, ou à la Province du Canada; et toutes telles lois ainsi passées par les dits conseil et assemblée, et sanctionnées par sa majesté, ou au nom de sa majesté, par le Gouverneur du *Canada*, auront force et seront obligatoires dans la Province du Canada à toutes intentions et fins quelconques.

IV. Et qu'il soit statué, que pour constituer le conseil législatif de la Province du Canada, il sera loisible à sa majesté d'autoriser, avant le tems fixé pour la première réunion du dit conseil législatif et de l'assemblée, par un instrument sous le seing manuel, le gouverneur à mander au nom de sa majesté, par un instrument sous le grand sceau de la dite province, au dit conseil législatif, telles personnes, n'étant pas moins de vingt, qu'il pourra plaire à sa majesté; et il sera aussi loisible à sa majesté d'autoriser de tems à autre le gouverneur à mander de la même manière au dit conseil législatif, telles autre personne ou personnes qu'il pourra plaire à sa majesté; et chaque personne qui aura été ainsi mandée au dit conseil legislatif de la Province du Canada, deviendra par là même membre d'icelui : Pourvu toujours, qu'aucune personne ne sera mandée au dit conseil législatif de la Province du Canada, sans avoir l'âge accompli de vingt et un ans et sans être sujet né de sa majesté, ou être sujet de sa majesté, naturalisé par acte du parlement de la Grande-Bretagne, ou par acte du parlement du Royaume-Uni de la Grande-Bretagne et d'Irlande, ou par quelqu'acte de la législature de l'une ou l'autre des Provinces du Haut et du Bas-Canada, ou par un acte de la législature de la Province du Canada.

V. Et qu'il soit statué, que tout membre du conseil législatif de la Province du Canada y tiendra son siège à vie, mais sera sujet néanmoins aux dispositions ci-après contenues pour le rendre vacant.

VI. Et qu'il soit statué, qu'il sera loisible à aucun membre du conseil législatif de la Province du Canada de résigner son siége au dit conseil législatif, et sur telle résignation le siége de tel conseiller législatif deviendra vacant.

VII. Et qu'il soit statué, que si aucun conseiller législatif de la Province du Canada manque d'assister au dit conseil législatif pendant deux sessions consécutives de la législature de la dite province, sans la permission de sa majesté ou du gouverneur de la dite province, signifiée par le dit gouverneur au dit conseil législatif; ou s'il prête aucun serment ou fait aucune déclaration ou reconnaissance d'allégéance, d'obéissance ou d'attachement envers aucun prince ou pouvoir étranger, ou s'il fait, consent ou adopte aucun acte par lequel il devienne ou ait droit de devenir sujet ou citoyen d'aucun état ou pouvoir étranger, ou par lequel il puisse reclamer les droits, priviléges ou immunités du sujet ou citoyen d'un état ou pouvoir étranger, ou s'il devient en banqueroute, ou prend avantage d'aucune loi concernant le débiteurs insolvables, ou s'il devient prévaricateur public, ou qu'il soit entaché de trahison ou convaincu de félonie ou de quelqu'autre crime infamant, son siége dans tel conseil deviendra par là même vacant.

VIII. Et qu'il soit statué, que toute question qui pourra s'élever relativement à aucune vacance dans le conseil législatif de la Province du Canada, par rapport à aucune des causes susdites, sera soumise par le Gouverneur de la Province du Canada au dit conseil législatif pour être entendue et décidée par le dit conseil législatif: Pourvu toujours qu'il sera loisible soit à la personne dont le siège aura fait élever telle question, ou au procureur général de sa majesté pour la dite Province du Canada, de la part de sa majesté, d'en appeler en tel cas de la décision du dit conseil à sa majesté, et le jugement de sa majesté donné sur telle contestation par et de l'avis de son conseil privé sera final et conclusif à toutes intentions et fins quelconques.

IX. Et qu'il soit statué, que le Gouverneur de la dite Province du Canada aura pouvoir et autorité de nommer de tems à autre, par un instrument sous le grand sceau de la dite province, l'un des membres du dit conseil législatif pour être l'orateur du dit conseil législatif, de le destituer et d'en nommer un autre à sa place.

X. Et qu'il soit statué, qu'il sera nécessaire que dix au moins des membres du dit conseil législatif, y compris l'orateur, soient présens, pour constituer une assemblée qui puisse exercer ses pouvoirs: et que toutes questions qui s'élèveront dans le dit conseil législatif seront décidées par la majorité des voix des membres présens, autres que l'orateur, et quand les voix seront également divisées, l'orateur aura la voix prépondérante.

XI. Et qu'il soit statué, que pour constituer l'assemblée législative de la Province du Canada, il sera loisible au gouverneur de la dite province, dans le tems ci-après mentionné, et de là, de tems à autre, selon que l'occasion pourra l'exiger, de mander et de convoquer au nom de sa majesté, et par un ou plusieurs instrumens sous le grand sceau de la dite province une assemblée législative pour et dans la dite province.

XII. Et qu'il soit statué, que dans l'assemblée législative de la Province du Canada et qui sera constituée comme susdit, les parties de la dite province qui forment actuellement les Provinces respectives du Haut et du Bas-Canada seront représentées, eu égard aux dispositions ci-après contenues, par un nombre de représentans, qui seront élus pour les lieux et de la manière ci-après mentionnés.

XIII. Et qu'il soit statué, que le Comté de *Halton* dans la Province du *Haut-Canada* sera partagé en deux divisions qui seront nommées respectivement la division est et la division ouest: et la division est du dit comté sera formée des townships suivants, savoir: *Trafalgar*, *Nelson*, *Esquesing*, *Nassagawega*, *Flamborough-Est*, *Flamborough-Ouest*, *Ering*, *Beverly*; et la division ouest du dit comté sera formée des townships suivants, savoir: *Garafraxa*, *Nichol*, *Woolwich*, *Guelph*, *Waterloo*, *Wilmot*, *Dumfries*, *Puslinch*, *Eramosa*: et la division est et la division ouest du dit comté seront chacune représentées par un membre dans l'assemblée législative de la Province du Canada. (*a*)

(*a*) En vertu d'un acte passé en 1845 (8 Vict. ch. 7) le *Riding* ou arrondissement du Comté de Halton doit être désigné sous le nom de Comté de Waterloo, et le *Riding* est sous celui de Comté de Halton.

XIV. Et qu'il soit statué, que le Comté de *Northumberland* dans la Province du *Haut-Canada* sera partagé en deux divisions qui seront nommées respectivement la division nord et la division sud ; et la division nord du comté sus-mentionné sera formée des townships suivants, savoir : *Monaghan, Otonabee, Asphodel, Smith, Douro, Dummer, Belmont, Methuen, Burleigh, Harvey, Emily, Gore, Ennismore ;* et la division sud du comté sus-mentionné sera formée des townships suivants, savoir : *Hamilton, Haldimand, Cramak, Murray, Seymour, Percy ;* et la division nord et la division sud du comté sus-mentionné seront chacune représentées par un membre dans l'assemblée législative de la Province du Canada. (*a*)

XV. Et qu'il soit statué, que le comté de *Lincoln* dans la Province du Haut-Canada, sera partagé en deux divisions qui seront respectivement nommées la division nord et la division sud ; et la division nord sera formée par l'union de la première et de la seconde divisions du dit comté, et la division sud par l'union de la troisième et de la quatrième divisions du dit comté ; et les divisions nord et sud du comté sus-mentionné seront chacune représentées par un membre dans l'assemblée législative de la Province du Canada. (*b*)

XVI. Et qu'il soit statué que chaque comté et division autres que ceux ci-devant mentionnés, qui au tems de la passation du présent acte avaient droit d'être représentés dans l'assemblée de la Province du *Haut-Canada*, seront représentés par un membre dans l'assemblée législative de la Province du *Canada.*

XVII. Et qu'il soit statué que la Cité de *Toronto* sera représentée par deux membres, et les Villes de *Kingston, Brockville, Hamilton, Cornwall, Niagara, London* et *Bytown* seront chacune représentées par un membre dans l'Assemblée Législative de la Province du Canada.

XVIII. Et qu'il soit statué, que chaque comté qui avant et lors de la passation du dit acte du parlement, intitulé *acte pour pourvoir temporairement au Gouvernement du Bas-Canada*, avait droit d'être représenté dans l'Assemblée de la Province du *Bas-Canada* sera représenté par un membre dans l'Assemblée Législative de la Province du Canada, à l'exception des comtés ci-après mentionnés, de *Montmorency, Orléans, L'Assomption, La Chenaye, L'Acadie, Laprairie, Dorchester* et *Beauce.*

(*a*) L'arrondissement ou *Riding* nord du Comté de Northumberland doit former le Comté de Peterborough (8 Vict. ch. 7).

(*b*) Le *riding* sud du Comté de Lincoln est désigné sous le nom de Comté de Welland (8 Vict. ch. 7).

Ce même acte contient aussi d'autres dispositions concernant les limites des comtés et la représentation de la province.

XIX. Et qu'il soit statué, que les dits comtés de *Montmorency* et *d'Orléans* seront réunis et ne formeront qu'un seul comté qui sera nommé le Comté de *Montmorency ;* et les dits Comtés de *L'Assomption* et de *La Chesnaye* seront réunis et ne formeront qu'un seul comté qui sera nommé le Comté de *Leinster ;* et les dits comtés de *L'Acadie* et de *Laprairie* seront réunis et ne formeront qu'un seul comté qui sera nommé le comté de *Huntingdon ;* et les comtés de *Dorchester* et de *Beauce* seront réunis et ne formeront qu'un seul comté qui sera nommé le comté de *Dorchester ;* et chacun des dits comtés de *Montmorency*, de *Leinster*, de *Huntingdon* et de *Dorchester* sera représenté par un membre dans l'Assemblée Législative de la dite Province du Canada.

XX. Et qu'il soit statué, que chacune des Cités de *Québec* et de *Montréal* sera représentée par deux membres, et que les Villes des *Trois-Rivières* et de *Sherbrooke* seront représentées chacune par un membre dans l'Assemblée Législative de la Province du Canada. (*a*)

XXI. Et qu'il soit statué, que les cités et villes ci-dessus mentionnées seront, pour faire l'élection de leurs représentans respectifs dans la dite assemblée législative, circonscrites et délimitées en la manière que le Gouverneur de la Province du Canada le pourra fixer et proclamer par lettres patentes qui seront émises sous le grand sceau de la province, dans les trente jours après l'Union des dites Provinces du *Haut* et du *Bas-Canada ;* et telles parties (si aucune il y a) des dites cités ou villes respectivement qui n'auront pas été incluses dans les limites respectives de telle cité ou ville, par telles lettres patentes seront censées pour les fins du présent acte et pour être représentées dans la dite assemblée législative, faire partie de la division ou du comté adjacent.

XXII. Et qu'il soit statué, que pour faire l'élection des membres de la dite Assemblée Législative de la Province du Canada, il sera loisible au gouverneur de la dite province de nommer de tems à autre des personnes convenables pour remplir le devoir d'officiers rapporteurs dans chaque comté, division, cité et ville qui devront être représentés dans l'Assemblée Législative de la Province du Canada, le tout néanmoins sujet aux dispositions ci-après contenues.

XXIII. Et qu'il soit statué, que nulle personne ne sera tenue de remplir la charge d'officier rapporteur pendant plus d'une année,

(*a*) Pour la division et les limites des comtés, voir la 9e Geo. IV ch. 73 (statuts revisés).

ou plus d'une fois, à moins qu'en aucun tems il n'y soit autrement pourvu par quelqu'acte de la Législature de la Province du Canada.

XXIV. Et qu'il soit statué, que les brefs pour l'élection des membres qui devront servir dans l'assemblée législative de la Province du *Canada* seront émanés par le gouverneur de la dite province dans les quatorze jours après que le sceau aura été apposé à tel instrument comme susdit pour convoquer telle assemblée législative; et tels brefs seront adressés aux officiers rapporteurs des dits comtés, divisions, cités et villes respectivement; et tels brefs seront faits pour être rapportables dans les cinquante jours au plus de celui de leur date, à moins qu'en aucun tems il n'y soit autrement pourvu par quelqu'acte de la législature de la dite province; et des brefs seront émanés de la même manière pour l'élection des membres dans le cas ou aucune vacance pourrait avoir lieu par la mort ou la résignation de la personne élue ou par sa nomination au conseil législatif de la dite province, ou par aucune autre cause légale, et tels brefs seront faits pour être rapportables dans les cinquante jours ou plus de celui de leur date, à moins qu'en aucun tems il n'y soit autrement pourvu par quelqu'acte de la législature de la dite province; et dans le cas d'aucune telle vacance, occasionnée par la mort de la personne élue ou par sa nomination au conseil comme susdit, le bref pour l'élection d'un nouveau membre devra être émané dans les six jours après qu'avis en aura été donné ou laissé au bureau de l'officier à qui il appartiendra d'émaner tels brefs d'élections.

XXV. Et qu'il soit statué, qu'il sera loisible au Gouverneur de la Province du Canada, pour le tems d'alors de déterminer le tems et le lieu pour tenir les élections des membres qui devront servir dans l'assemblée législative de la dite province, en ne donnant pas moins de huit jours d'avis de tels tems et lieu, jusqu'à ce qu'il y soit autrement pourvu, comme il est ci-après mentionné.

XXVI. Et qu'il soit statué, qu'il sera loisible à la Législature de la Province du Canada de changer par aucuns acte ou actes qu'elle pourra passer ci-après, l'étendue et les délimitations des divers comtés, divisions, cités et villes qui devront être représentés dans l'Assemblée Législative de la Province du *Canada*, et d'en établir de nouvelles; de changer le nombre des représentans qui devront être élus par les dits comtés, divisions, cités et villes respectivement, et de donner une proportion nouvelle et différente au nombre de représentans qui doivent être élus dans chacune des parties respectives de la Province du Canada, qui constituent maintenant les dites Provinces du Haut et du Bas-Canada, ainsi que dans et pour les divers districts, comtés, divisions et villes qui se trouvent en icelles; d'en changer et régler la nomination des officiers rapporteurs, et de pourvoir de telle manière qu'elle le jugera convenable à l'émanation et au rapport des brefs pour l'élection des membres qui devront servir dans la dite assemblée législative, ainsi qu'aux tems et aux lieux où devront se tenir telles élections: Pourvu toujours, qu'aucun bill du Conseil Législatif et de l'Assemblée de la Province du Canada, par lequel le nombre des représentans de l'assemblée législative pourrait être changé, ne pourra être légalement présenté au gouverneur de la dite province pour recevoir la sanction de sa majesté, à moins qu'à sa seconde et troisième lecture tel bill n'ait été passé dans le conseil législatif et dans l'assemblée législative avec le concours respectif des deux tiers des membres pour le tems d'alors du dit conseil législatif, et des deux tiers des membres pour le tems d'alors de la dite assemblée législative, et la sanction de sa majesté ne sera pas donnée à aucun tel bill, à moins que des adresses constatant que tel bill a été ainsi passé, n'aient été respectivement présentées au gouverneur par le conseil législatif et par l'assemblée législative.

XXVII. Et qu'il soit statué, que jusqu'à ce qu'il y soit autrement pourvu par un ou plusieurs Actes de la Législature de la Province du Canada, toutes les lois qui au moment de la passation du présent acte sont en force dans la Province du *Haut-Canada*, ainsi que toutes les lois qui au tems de la passation du dit acte du parlement, intitulé, *acte pour pourvoir temporairement au Gouvernement du Bas-Canada*, étaient en force dans la Province du *Bas-Canada* relativement à la qualification ou *disqualification* des personnes qui peuvent être élues, siéger ou voter comme membres de l'assemblée dans les dites provinces respectivement, (à l'exception de celles qui exigent des candidats aux élections une qualification foncière, à laquelle il est ci-après pourvu,) ainsi que celles relatives à la qualification ou disqualification des voteurs à l'élection des membres qui devaient servir dans les assemblées respectives des dites provinces, ainsi qu'aux sermens que doivent prêter tels voteurs, et aux pouvoirs et aux devoirs des officiers-rapporteurs, aux procédés à telles élections et au tems pendant lequel elles peuvent légalement se tenir, ou ayant rapport à l'instruction et décision des contestations d'élections, et aux procédés y relatifs, aux vacances des siéges des membres et à l'émanation et exécution de nouveaux brefs dans le cas de telles vacances survenues autrement que par une dissolution de la chambre d'assemblée, s'appliqueront respectivement aux élections des membres qui devront servir dans l'Assemblée Législative de la Province du Canada, pour les lieux situés, dans les parties de la Province du Canada pour lesquelles telles lois ont été passées. (a)

(a) Voir la 12e Vict. ch. 27.

XXVIII. Et qu'il soit statué, que nulle personne ne pourra être élue membre de l'Assemblée Législative de la Province du Canada, à moins qu'elle ne possède comme franc-alleu, en loi ou en équité, à son propre usage et avantage, des terres ou tènemens tenus en franc et commun soccage, ou quelle ne soit en bonne saisine et possession, à son propre usage et avantage, de terres ou tènemens tenus en fief ou en rôture, dans la Province du Canada, de la valeur de cinq cents livres, argent sterling de la Grande-Bretagne, en sus de toutes rentes, charges, mort-gages et dettes hypothécaires qui peuvent être attachés, dus et payables sur telles terres ou auxquels elles peuvent être affectées ; et tout candidat à telle élection, avant de pouvoir être éligible, devra, s'il en est requis par aucun autre candidat ou par aucun électeur ou par l'officier-rapporteur, faire la déclaration suivante :

" Je, A. B. déclare et certifie que je possède dûment en loi ou " en équité comme franc-alleu à mon propre usage et avantage, " des terres ou tènemens tenus en franc et commun soccage (*ou* " que je suis en bonne saisine et possession, à mon propre usage et " avantage de terres ou tènemens tenus en fief ou en rôture (*sui-* " *vant la circonstance*,) dans la Province du Canada, de la valeur " de cinq cents livres, argent sterling de la Grande-Bretagne, en " sus de toutes rentes, mort-gages, charges et dettes hypothécaires " qui peuvent être attachés, dus et payables sur telles terres ou " auxquels elles peuvent être affectées ; et que je n'ai pas collusoi- " rement ou spécieusement obtenu un titre à la propriété, ni ne " suis devenu en possession, des dites terres et tènemens ou d'au- " cune partie d'iceux, dans le but de me qualifier ou de me rendre " éligible comme Membre de l'Assemblée Législative de la Pro- " vince du Canada."

XXIX. Et qu'il soit statué, que toute personne faisant sciemment et volontairement une fausse déclaration de sa qualification comme candidat à aucune élection, comme susdit, sera réputée coupable de méfait et sur conviction légale d'icelui elle subira les mêmes peines et pénalités que la loi inflige aux personnes coupables d'un parjure volontaire et malicieux, dans le lieu où telle fausse déclaration aura été faite.

XXX. Et qu'il soit statué, qu'il sera loisible au Gouverneur de la Province du Canada pour le tems d'alors de fixer tels lieu ou lieux dans aucune partie de la Province du Canada, et tels tems, où devront se tenir la première et toute autre session du conseil législatif et de l'assemblée de la dite province, qu'il jugera convenables, et tels tems et tels lieux pourront être changés, selon que le gouverneur le jugera à propos et plus propre à la convenance générale et au bien public, en donnant avis suffisant à cet égard; et aussi de proroger de tems à autre le dit conseil législatif et l'assemblée, ou les dissoudre, par proclamation ou autrement, chaque fois qu'il le jugera expédient.

XXXI. Et qu'il soit statué, qu'il y aura au moins une fois dans chaque année une Session du Conseil Législatif et de l'Assemblée de la Province du Canada, de manière à ce qu'il n'y ait pas un intervalle de douze mois de calendrier entre la dernière Séance d'une Session du Conseil Législatif et de l'Assemblée et la première Séance de la Session suivante du Conseil Législatif et de la dite Assemblée; et toute Assemblée Législative de la dite Province qui devra ci-après être constituée et convoquée durera pendant quatre ans depuis le jour du rapport des brefs qui seront émanés pour en faire l'élection, et pas plus longtems, sujette néanmoins à être plutôt prorogée ou dissoute par le gouverneur de la dite province.

XXXII. Et qu'il soit statué, que le Conseil Législatif et l'Assemblée de la Province du Canada seront convoqués pour la première fois à quelque époque qui ne sera pas au delà de six mois de calendrier, après celle de la réunion susdite des Provinces du Haut et du Bas-Canada.

XXXIII. Et qu'il soit statué que les Membres de l'Assemblée Législative de la Province du Canada, procéderont incontinent, à leur première réunion après chaque élection générale, à l'élection de l'un d'entr'eux pour être orateur; et avenant son décès, sa résignation, ou sa destitution par un vote de l'assemblée législative, les dits membres procéderont aussitôt à l'élection d'un autre d'entr'eux pour être tel orateur; et l'orateur ainsi élu présidera toutes les séances de la dite assemblée législative.

XXXIV. Et qu'il soit statué, que la présence d'au moins vingt membres de l'Assemblée Législative de la Province du Canada, y compris l'orateur, sera nécessaire pour constituer une réunion de la dite assemblée législative capable d'exercer ses pouvoirs; et toutes questions qui s'élèveront dans la dite assemblée seront décidées par la majorité des voix de tels membres qui seront présens, autres que l'orateur, et dans le cas d'une égalité de voix, l'orateur aura la voix prépondérante.

XXXV. Et qu'il soit statué, qu'il ne sera permis à aucun membre, soit du Conseil Législatif, ou de l'Assemblée Législative de la Province du Canada, d'y siéger ou voter jusqu'à ce qu'il ait prêté et souscrit le serment suivant devant le gouverneur de la dite province, ou devant quelques personne ou personnes autorisées par tel gouverneur à l'administrer.

" Je, A. B. promets sincèrement et jure que je serai fidèle et
" porterai vraie allégéance à Sa Majesté, la Reine Victoria, comme
" légitime Souveraine du Royaume-Uni de la Grande-Bretagne et
" d'Irlande, et de cette Province du Canada, dépendant du dit
" Royaume-Uni et lui appartenant; et que je la défendrai de
" tout mon pouvoir contre toutes conspirations et attentats perfides
" quelconques qui pourront être tramés contre sa personne, sa
" couronne et sa dignité; et que je ferai tout en mon pouvoir pour
" découvrir et faire connaître à sa majesté, ses héritier et succes-
" seurs, toutes trahisons et conspirations et attentats perfides que
" je saurai avoir été tramés contre elle ou aucun d'eux; et tout
" ceci je le jure sans aucun équivoque, subterfuge mental ou res-
" triction secrète, et renonçant à tous pardons et dispenses d'aucu-
" nes personne ou personnes quelconques à ce contraires. Ainsi
" que Dieu me soit en aide."

XXXVI. Et qu'il soit statué, que toute personne autorisée par la loi à faire une affirmation au lieu de prêter un serment pourra faire telle affirmation dans tous les cas où un serment est requis comme ci-dessus.

XXXVII. Et qu'il soit statué, que quand aucun bill qui aura été passé par le Conseil Législatif et l'Assemblée de la Province du Canada sera présenté au gouverneur de la dite province pour l'assentiment de sa majesté, tel gouverneur déclarera, à sa discrétion, qu'il le sanctionne au nom de sa majesté, sujet néanmoins aux dispositions contenues dans le présent acte et à telles instructions qu'il pourra recevoir de tems à autre à cet égard de sa majesté, ses héritiers ou successeurs, ou qu'il refuse l'assentiment de sa majesté, ou qu'il réserve tel bill pour la signification du plaisir de sa majesté sur icelui.

XXXVIII. Et qu'il soit statué, que lorsqu'aucun bill qui aura été présenté au Gouverneur de la dite Province du Canada pour l'assentiment de sa majesté sera sanctionné par lui au nom de sa majesté, tel gouverneur transmettra, à la première occasion convenable, à l'un des principaux secrétaires d'état de sa majesté une copie authentique du bill qui aura été ainsi sanctionné, et il sera loisible à sa majesté, par ordre en conseil de déclarer, en aucun tems dans les deux années après que tel secrétaire d'état l'aura ainsi reçu, sa désapprobation de tel bill; et la signification de telle désapprobation, ainsi que d'un certificat sous le seing et sceau de tel secrétaire d'état, constatant le jour où il aura reçu tel bill, comme susdit, faite par le Gouverneur au Conseil Législatif et à l'Assemblée du Canada, par son discours ou par message au dit conseil législatif et à la dite assemblée de la dite province, ou par proclamation, le rendra nul et sans effet du jour de telle signification.

XXXIX. Et qu'il soit statué, qu'aucun bill qui sera réservé pour la signification du plaisir de sa majesté n'aura aucune force ni effet dans la Province du Canada, jusqu'à ce que le gouverneur de la dite province ait signifié, soit par son discours ou par message au conseil législatif et à l'assemblée de la dite province, ou par proclamation, que tel bill a été soumis à sa majesté en conseil, et qu'il a plû à sa majesté de le sanctionner; et qu'il sera fait une entrée dans les journaux du dit conseil législatif de tout tel discours, message ou proclamation, et un duplicata de telle entrée devra être transmis à l'officier convenable pour faire partie des records de la dite province; et aucun bill qui sera réservé comme susdit n'aura aucune force ni effet dans la dite province, que la sanction d'icelui par sa majesté n'ait été signifiée comme susdit, dans les deux années du jour où il aura été présenté au gouverneur comme susdit pour l'assentiment de sa majesté.

XL. Pourvu toujours et qu'il soit statué, que rien de ce qui est contenu dans le présent acte ne sera censé limiter ou restreindre l'exercice de la prérogative de sa majesté dans son pouvoir d'autoriser, et nonobstant le présent acte et tous autres acte ou actes passés dans le Parlement de la Grande-Bretagne ou dans le Parlement du Royaume-Uni de la Grande-Bretagne et d'Irlande, ou par la Législature de la Province de Québec ou des Provinces du Haut et du Bas-Canada respectivement, il sera loisible à sa majesté d'autoriser le Lieutenant Gouverneur de la Province du Canada à exercer, dans telles parties de la dite province que sa majesté le jugera à propos, nonobstant la présence du gouverneur dans la province, tels pouvoirs, fonctions et autorité, judiciaires comme autres, que peut avoir maintenant et dont était revêtu avant la passation du présent acte le gouverneur, lieutenant gouverneur ou personne administrant le Gouvernement des Provinces du Haut-Canada et du Bas-Canada respectivement ou d'aucune d'elles, et qui depuis et après la dite réunion des dites deux provinces seront dévolus au Gouverneur de la Province du Canada; et d'autoriser le Gouverneur de la Province du Canada à commettre, nommer, préposer et subdéléguer aucunes personne ou personnes, conjointement ou séparément, pour être ses député ou députés dans aucunes partie ou parties de la Province du Canada, et pour exercer en cette qualité, durant le plaisir du dit gouverneur, tels pouvoirs, fonctions et autorité, judiciaires comme autres, que peut avoir maintenant et dont était revêtu avant la passation du présent acte le gouverneur, lieutenant gouverneur ou personne administrant le Gouvernement des Provinces du Haut et du Bas-Canada, respectivement, et qui, depuis et après la réunion des dites provinces, seront dévolus au Gouverneur de la Province du Canada, selon que le Gouverneur de la Province du Canada le jugera nécessaire ou expédient: pourvu toujours, que, par la nomination des député ou députés comme susdit, les pouvoirs et autorité du Gouverneur de la Province du Canada ne seront pas diminués, changés ni affectés en aucune manière, autrement que sa majesté jugera convenable de l'ordonner.

Cette clause a été révoquée par la 11 et 12 Vict. chap. 56. Voir plus loin.

XLI. Et qu'il soit statué, que depuis et après la réunion des dites deux provinces, tous brefs, proclamations, instrumens pour mander et convoquer le Conseil Législatif et l'Assemblée Législative de la Province du Canada, et pour les proroger et les dissoudre, et tous les brefs pour les élections et tous brefs et instrumens publics quelconques ayant rapport au conseil législatif et à l'assemblée législative ou à aucun de ces corps, et tous rapports à tels brefs et instrumens, et tous journaux, entrées et procédés écrits ou imprimés, de toute nature, du conseil législatif et de l'assemblée législative, et d'aucun de ces corps respectivement, et tous procédés écrits ou imprimés et rapports de comités du dit conseil législatif et de la dite assemblée législative, respectivement, ne seront que dans la langue *Anglaise*: pourvu toujours, que la présente disposition ne s'entendra pas empêcher que des copies traduites d'aucuns tels documens ne soient faites, mais aucune telle copie ne sera gardée parmi les records du conseil législatif ou de l'assemblée législative, ni ne sera censée avoir en aucun cas l'authenticité d'un record original.

XLII. Et qu'il soit statué, que lorsque le Conseil Législatif et l'Assemblée Législative de la Province du Canada auront passé aucuns bill ou bills, qui contiendront aucunes dispositions changeant ou révoquant aucune des dispositions maintenant en vigueur et contenues dans un acte du Parlement de la Grande-Bretagne passé en la quatorzième année du règne de feu Sa Majesté George Trois, intitulé, *acte pour pourvoir d'une manière plus efficace au Gouvernement de la Province* de Québec dans l'Amérique du Nord, ou dans les actes susdits du parlement passés dans la trente-et-unième année du même règne, relativement aux droits ou revenus ordinaires du Clergé de l'Eglise de Rome; ou changeant et révoquant aucune des diverses dispositions contenues dans le dit acte mentionné en dernier lieu, relativement au partage et à l'appropriation de terres pour le soutien du Clergé protestant dans la Province du Canada, relativement à la constitution, érection ou dotation de paroisses ou rectoreries dans la Province du Canada ou à la présentation des bénéficiers ou ministres d'icelles, ou relativement à la manière dont tels bénéficiers ou ministres devront posséder icelles et en jouir ; et aussi lorsqu'il aura été passé aucuns bill ou bills contenant aucunes dispositions qui pourront en aucune manière affecter ou avoir rapport à la jouissance ou exercice d'aucune espèce de culte religieux, ou qui imposeraient aucunes pénalités ou charges, ou pourront créer quelqu'incapacité ou disqualification, par rapport à tel culte, ou qui affecteront ou auront rapport à aucun paiement, recouvrement ou jouissance d'aucun des revenus ou droits ordinaires mentionnés ci-devant, ou qui auront en aucune manière rapport à la dotation, imposition ou recouvrement d'aucuns autres droits, salaires ou émolumens, qui devront être payés à aucun ministre, prêtre, ecclésiastique, ou prédicant, conformément aux usages d'aucun culte religieux, par leur dite charge ou fonction ; ou qui affecteront ou auront rapport en aucune manière à l'établissement ou la discipline de l'église réunie d'Angleterre et d'Irlande, parmi les membres d'icelle dans la dite province ; ou qui affecteront ou auront rapport en aucune manière à la prérogative de sa majesté concernant la dotation des terres incultes de la couronne dans la dite province ; tous tels bill ou bills seront, préalablement à aucune déclaration ou signification de l'assentiment de sa majesté à iceux, soumis aux deux chambres du Parlement du Royaume-Uni de la Grande-Bretagne et d'Irlande ; et il ne sera pas loisible à sa majesté de signifier son assentiment à aucuns tels bill ou bills jusqu'à l'expiration de trente jours après qu'ils auront été soumis aux dites chambres, ni de donner son assentiment à aucuns tels bill ou bills dans le cas où l'une ou l'autre chambre du parlement demanderait, dans les dits trente jours, par adresse à sa majesté de refuser sa sanction à aucuns tels bill ou bills ; et aucun tel bill n'aura vigueur ni effet pour aucun des dits objets dans la dite Province du Canada, à moins que le conseil législatif et l'assemblée de telle province n'aient présenté au gouverneur de la dite province, pendant la session dans laquelle il pourra avoir été passé par eux, une ou plusieurs adresses, déclarant que tels bill ou bills contiennent des dispositions sur quelqu'un des objets spécialement précisés ci-dessus, et demandant qu'à l'effet de donner vigueur à tels bill ou bills, ils soient transmis en Angleterre en diligence, pour être soumis au parlement, préalablement à la signification de l'assentiment de sa majesté à iceux.

XLIII. Et vu que par un acte passé dans la dix-huitième année du règne de feu Sa Majesté le Roi George Trois, intitulé *Acte pour faire disparaître tous doutes et craintes relatifs à l'établissement de taxes par le Parlement de la Grande-Bretagne, dans aucune des Colonies, Provinces et Plantations de l'Amérique du Nord, et des Indes Occidentales ; et pour révoquer telles parties d'un acte fait dans la septième année du règne de sa présente majesté, en autant qu'elles imposent un droit sur les thés importés de la Grande-Bretagne dans aucune*

Colonie ou Plantation de l'Amérique ou qu'elles y sont relatives, il est déclaré que " le Roi et le Parlement de la Grande-Bretagne n'imposeront aucun droit, taxe ou cotisation quelconque, payable dans aucune des Colonies, Provinces et Plantations de Sa Majesté dans l'Amérique du Nord ou les Indes Occidentales, excepté seulement tels droits qu'il pourrait être nécessaire d'imposer pour le réglement du commerce, le produit net de tels droits devant toujours être appliqué à l'usage de la colonie, province ou plantation dans laquelle tels droits pourraient être respectivement prélevés, en la même manière en laquelle les autres droits perçus par autorité des cours générales ou des assemblées générales, respectivement, de telles colonies, provinces ou plantations étaient ordinairement payés et appliqués" ; et comme il est nécessaire, pour l'avantage général de l'empire, que Sa Majesté et le Parlement du Royaume-Uni de la Grande-Bretagne et d'Irlande continuent d'exercer tel pouvoir de régler le commerce, eu égard néanmoins aux restrictions mentionnées ci-dessus, par rapport à l'application d'aucun des droits qui pourraient être imposés à cet effet ; qu'il soit à ces causes statué que rien de ce qui est contenu dans le présent acte n'empêchera ni n'affectera l'exécution d'aucune loi qui a été ou pourra être passée dans le Parlement du dit Royaume-Uni pour établir des réglemens et prohibitions pour régler la navigation, ou pour imposer, prélever ou percevoir des droits pour régler le commerce entre la Province du Canada et aucune autre partie de l'empire de sa majesté, ou entre la dite Province du Canada ou aucune partie d'icelle et aucun pays ou état étranger, ou pour fixer et ordonner le paiement de la remise sur tels droits ainsi imposés, ou pour conférer à sa majesté, par et de l'avis et consentement de tel Conseil Législatif et Assemblée de la dite Province du Canada, aucun pouvoir, ou autorité de changer ou révoquer aucunes telles loi ou lois ou aucune partie d'icelles, ou pour empêcher ou entraver en aucune manière l'exécution d'icelles : Pourvu toujours, que le produit net de tous les droits qui pourront être ainsi imposés sera en tous tems ci-après appliqué à l'usage de la dite Province du Canada, et (excepté en autant qu'il est pourvu ci-après) en telle manière seulement qu'il sera prescrit par aucunes loi ou lois qui pourront être passées par sa majesté, par et de l'avis et consentement du conseil législatif et de l'assemblée de telle province.

XLIV. Et attendu que par les lois maintenant en vigueur dans la dite province du Haut-Canada, le gouverneur, lieutenant gouverneur ou personne administrant le gouvernement de la dite province, ou le juge en chef d'icelle, avec deux ou plus des membres du conseil exécutif de la dite province, constituent et forment une cour d'appel pour entendre et juger tous appels des jugemens ou décisions qui pourraient être portés devant eux : Et vu que par un acte de la législature de la dite Province du Haut-Canada, passé en la trente-troisième année du règne de feu Sa Majesté le Roi George Trois, intitulé, *Acte pour établir une cour de vérification des testamens, dans la dite province et une cour subordonnée dans chaque district en icelle*, une cour a été et est établie pour la vérification des testamens dans la dite province, et que dans le dit acte il a été statué que le gouverneur, lieutenant gouverneur ou personne administrant le gouvernement de la province mentionnée en dernier lieu, aurait la présidence, et les pouvoirs et autorité établis par le dit acte: Et vû que par un acte de la législature de la dite Province du Haut-Canada, passé en la seconde année du règne de feu Sa Majesté le roi Guillaume Quatre, intitulé, *Acte relatif aux tems et lieu des séances de la cour du banc du roi*, il a été entr'autres choses statué que la cour du banc du roi de sa majesté en cette province se tiendrait dans un lieu déterminé, c'est à savoir, dans la cité, ville ou lieu qui serait pour le tems d'alors le siège du gouvernement civil de la dite province ou dans la distance de pas plus d'un mille de tel lieu: Et vu que par un acte de la législature de la dite Province du Haut-Canada, passé en la septième année du règne de feu Sa Majesté le roi Guillaume Quatre, intitulé, *Acte pour établir une cour de chancellerie en cette province*, il a été statué qu'il serait constitué et établi une cour de chancellerie qui serait appelée et connue sous le nom et dénomination de " cour de chancellerie pour la Province du Haut-Canada," dont le gouverneur, lieutenant gouverneur ou personne administrant le gouvernement de la dite province serait le chancelier; et que cette cour se tiendrait, ainsi qu'il l'a été statué, au lieu du siège du gouvernement en la dite province, ou à tel autre lieu qui serait fixé par proclamation du gouverneur, lieutenant gouverneur ou personne administrant le gouvernement de la dite province: Et vû que par un acte de la législature de la Province du Bas-Canada, passé dans la trente-quatrième année du règne de feu Sa Majesté le roi George Trois, intitulé, *Acte pour diviser la Province du Bas-Canada, pour amender la judicature en icelle et pour abroger certaines lois y mentionnées*, il a été statué que le gouverneur, lieutenant gouverneur ou personne administrant le gouvernement, les membres du conseil exécutif de la dite province, le juge en chef d'icelle, et le juge en chef qui serait nommé pour la cour du banc du roi à Montréal, ou cinq d'entr'eux, les juges de la cour du district qui auraient rendu les jugemens dont il y aurait appel exceptés, constitueraient une cour supérieure de jurisdiction civile, ou une cour provinciale d'appel, pour connaître de toutes causes, matières et choses dont il pourrait y avoir appel de toutes cours et jurisdictions civiles, suivant la loi, et pour entendre, examiner et juger telles causes; qu'il soit statué que, jusqu'à ce qui il y soit autrement pourvu par un Acte de la Législature de la Province du Canada, tous les pouvoirs judiciaires et fonctions ministérielles qu'avaient ou pouvaient exercer, avant ou lors de la passation du présent acte, le gouverneur, lieutenant gouverneur ou personne administrant le gouvernement de la dite Province du Haut-Canada, ou les membres du conseil exécutif de la même province ou aucun nombre d'entr'eux ou qu'avaient ou pouvaient exercer le gouverneur, lieutenant gouverneur ou personne administrant le gouvernement de la Province du Bas-Canada et les membres du conseil exécutif de cette province, seront dévolus au gouverneur, lieutenant gouverneur ou personne administrant le gouvernement de la Province du Canada, et aux membres ou à pareil nombre des membres du conseil exécutif de la Province du Canada, lesquels pourront respectivement exercer tels pouvoirs: et que, jusqu'à ce qu'il y soit autrement pourvu par un ou plusieurs actes de la Législature de la Province du Canada, la dite cour du banc du roi, maintenant appelée la cour du banc de la reine du Haut-Canada, se tiendra, depuis et après la réunion des Provinces du Haut et du Bas-Canada, en la Cité de Toronto, ou dans la distance d'un mille au plus de la délimitation municipale d'icelle: Pourvu toujours, que, jusqu'à ce qu'il y soit autrement pourvu par un ou plusieurs actes de la Législature de la Province du Canada, il sera loisible au Gouverneur de la Province du Canada, par et de l'avis et du consentement du conseil exécutif d'icelle, de fixer et établir, pour y tenir la cour du banc de la reine, tel autre lieu qu'il croira convenable dans cette partie de la province mentionnée en dernier lieu, qui constitue maintenant la Province du Haut-Canada. (*a*)

XLV. Et qu'il soit statué, que tous les pouvoirs, autorité et fonctions qui, par le dit acte passé en la trente-et-unième année du règne de feu Sa Majesté le roi George Trois, ou par aucun autre acte du parlement, ou par aucun acte de la Législature des Provinces du Haut et du Bas-Canada, respectivement, sont conférés et dont l'exercice est prescrit aux gouverneurs ou lieutenant gouverneurs respectifs des dites provinces, de l'avis, ou de l'avis et consentement du conseil exécutif de telles provinces respectives, ou conjointement avec tel conseil exécutif ou aucun nombre des membres d'icelui, ou aux gouverneurs ou lieutenant gouverneurs seuls, seront, en autant que tels pouvoirs ne sont pas incompatibles ou inconsistans avec les dispositions du présent acte, dévolus au gouverneur de la Province du Canada, qui pourra les exercer, selon la circonstance, avec l'avis et consentement de tel conseil exécutif qui pourra être nommé par sa majesté pour les affaires de la Province du Canada, ou d'aucun de ses membres, ou conjointe-

(*a*) Pour ce qui concerne l'administration de la justice dans le Haut-Canada, voir les 12e. Vict. ch. 63, 64, 65, etc.; pour le Bas-Canada, voir les 12e. Vict. ch. 37, 38, 39, 40, 41, 42, etc.

ment avec tel conseil ou avec aucun des membres d'icelui, ou seul, dans les cas où l'avis, consentement ou concours du conseil exécutif n'est pas nécessaire.

XLVI. Et qu'il soit statué, que toutes lois, statuts et ordonnances qui, au temps de la Réunion des Provinces du Haut-Canada et du Bas-Canada, seront en vigueur dans les dites provinces ou l'une ou l'autre d'icelles, ou dans aucune partie des dites provinces respectives, auront et continueront d'avoir la même vigueur, autorité et effet dans ces parties de la Province du Canada, qui constituent les dites provinces respectivement, comme si le présent acte n'eut pas été passé, et comme si les dites deux provinces n'eussent pas été réunies comme susdit, excepté en autant que telles lois sont abrogées ou changées par le présent acte, ou en autant qu'elles pourront être ci-après, en vertu de l'autorité du présent acte, révoquées ou changées par aucuns Acte ou Actes de la Législature de la Province du Canada.

XLVII. Et qu'il soit statué, que toutes les Cours de Jurisdiction Civile et Criminelle dans les Provinces du Haut et du Bas-Canada, existant au tems de la réunion des dites provinces, et toutes commissions légales, pouvoirs et autorités, et toutes fonctions judiciaires, administratives ou ministérielles, dans les dites provinces respectives, excepté en autant qu'elles peuvent être annulées ou changées par les dispositions du présent acte ou qui peuvent être inconsistantes avec icelles, ou qui pourront être annulées ou changées par aucuns Acte ou Actes de la Législature de la Province du Canada, continueront d'exister dans ces parties de la Province du Canada qui constituent maintenant les dites deux Provinces respectivement, en la même manière, et auront le même effet, que si le présent acte n'eut pas été passé, et que si les dites deux Provinces n'eûssent pas été réunies comme susdit.

XLVIII. Et vu que les Législatures des dites Provinces du Haut et du Bas-Canada ont de tems à autre passé des lois qui devaient continuer d'être en vigueur pendant un certain nombre d'années après la passation d'icelles " et de là, jusqu'à la fin de la session alors prochaine de la législature de la province, dans laquelle elles étaient passées ;" Qu'il soit à ces causes statué que lorsque les mots " et de là, jusqu'à la fin de la session alors prochaine de la législature" ou des mots ayant le même effet, auront été employés dans aucun acte temporaire de l'une ou l'autre des dites deux provinces, et qui ne sera pas expiré avant la réunion des dites deux Provinces, ces mots seront entendus s'étendre et s'appliquer à la session prochaine de la Législature de la Province du Canada.

XLIX. Et vu que par un acte passé en la troisième année du Règne de feu Sa Majesté le Roi George Quatre, intitulé *Acte pour régler le commerce des Provinces du Bas et du Haut-Canada, et pour autres objets relatifs aux dites provinces,* certaines dispositions ont été faites pour la nomination d'arbîtres, avec pouvoir d'examiner et juger certaines reclamations de la Province du Haut-Canada contre celle du Bas-Canada, et prendre connaissance d'aucune reclamation qui pourrait être faite de la part de la Province du Haut-Canada touchant une proportion de certains droits y mentionnés, et pour prescrire la ligne de conduite que tels arbîtres devront tenir; Qu'il soit statué, que les dispositions précitées du dit acte mentionné en dernier lieu et toutes matières contenues dans le même acte, qui dépendent ou sont l'objet des dites dispositions ou d'aucunes d'icelles, soient révoquées.

Les clauses 50, 51, 52, 53, 54, 55, 56, et 57 sont abrogées par l'Acte de la 9e Vict. ch. 114 reproduit plus bas.

LVIII. Et qu'il soit statué, qu'il sera loisible au gouverneur, par un ou plusieurs instrumens qu'il émanera à cet effet sous le grand sceau de la province, de former des townships dans ces parties de la Province du Canada, dans lesquelles il n'y en a pas encore de formés, et d'en fixer les bornes et les limites,et de pourvoir à l'élection et nomination des officiers de township en iceux, lesquels auront et exerceront les mêmes pouvoirs qu'exercent de pareils officiers dans les townships déjà établis dans cette partie de la Province du Canada, appelée maintenant le Haut-Canada ; et tout tel instrument sera publié par proclamation et aura force de loi du jour qui sera établi en chaque cas par telle proclamation.

LIX. Et qu'il soit statué, que tous les pouvoirs et autorité établis dans le présent acte pour être confiés au Gouverneur de la Province du Canada, seront exercés par lui conformément et sujets à tels ordres et instructions que sa majesté jugera convenable de donner de tems à autre.

LX. Et vu qu'il a plu à feu Sa Majesté le Roi George Trois, de déclarer par sa proclamation royale en date du septième jour d'octobre, en la troisième année de son règne, qu'il avait confié au Gouverneur de *Terre-Neuve* la direction et surveillance de la Côte de *Labrador* depuis la *Rivière Saint Jean* jusqu'au *Détroit d'Hudson,* ainsi que les *Iles d'Anticosti* et de la *Madeleine* et toutes les autres *Iles* moins étendues situées sur la dite côte : Et vu que par un acte passé dans la quatorzième année du règne de feu sa dite majesté, intitulé *Acte pour pourvoir plus efficacement au Gouvernement de la Province de Québec,* dans l'Amérique du Nord, tous les territoires, iles et comtés, qui, depuis le dixième jour de février mil sept cent soixante et trois, avaient fait partie du Gouvernement de *Terre-*

Neuve, ont été pour le tems qu'il pourrait plaire à sa majesté, annexés pour en faire partie à la Province de Québec, telle que constituée et établie par la dite proclamation royale ; qu'il soit déclaré et statué que rien de ce qui est contenu dans le présent ou dans aucun autre acte ne sera censé empêcher sa majesté d'annexer, s'il lui plait, les Iles de la Madelaine situées dans le Golfe Saint Laurent à l'Ile du Prince Edouard de sa majesté.

LXI. Et qu'il soit statué, que dans le présent acte, à moins qu'il n'y soit autrement pourvu, les mots " Acte de la Législature de la Province du Canada" seront censés signifier " acte de sa majesté, ses héritiers ou successeurs, statué par sa majesté, ou par le gouverneur de sa part, de l'avis et du consentement du Conseil Législatif et de l'Assemblée de la Province du Canada" et les mots " Gouverneur de la Province du Canada" seront censés comprendre le gouverneur, lieutenant gouverneur ou personne autorisée à exécuter la charge ou les fonctions de Gouverneur de la dite Province.

LXII. Et qu'il soit statué, que le présent acte pourra être amendé ou abrogé par aucun acte qui pourrait être passé dans la session actuelle du parlement.

Acte pour octroyer une Liste Civile à Sa Majesté.
9 Vict. ch. 114.

Réservé pour la signification de sa majesté le 9 juin, 1846.

L'Agrément royal donné par sa majesté en conseil le 16 août, 1847 ; et proclamé par son excellence le COMTE D'ELGIN ET KINCARDINE, dans la Gazette du Canada du 11 octobre, 1847. (*a*)

TRÈS-GRACIEUSE SOUVERAINE :

ATTENDU qu'il a gracieusement plu à votre majesté de déclarer à vos fidèles communes du Canada assemblées en parlement provincial, qu'elle désirait devoir à la libéralité spontanée de son peuple canadien tel octroi, comme liste civile, suffisant pour donner de la stabilité et de la permanence aux grandes institutions civiles de la province, et pour rémunérer d'une manière suffisante

---

(*a*) Voici la proclamation qui fût publiée dans la Gazette Officielle du Canada, le 16 octobre 1847.

PROVINCE DU CANADA. } ELGIN ET KINCARDINE.
VICTORIA, par la Grâce de Dieu, Reine du Royaume-Uni de la Grande-Bretagne et d'Irlande, Défenseur de la Foi, etc., etc., etc.

A tous ceux qui ces présentes verront, ou qu'icelles pourront concerner.—SALUT :

PROCLAMATION.

ATTENDU qu'à une session du parlement de notre Province du Canada, tenue en la Cité de Montréal, en notre dite province, le vingtième jour de mars 1846, et prorogée le neuvième jour de juin alors suivant, dans la neuvième année de notre règne, un certain bill intitulé : " *Acte pour accorder une liste à Sa Majesté,*" a été

des fonctionnaires capables et effectifs dans les départemens exécutifs, judiciaires et autres du service provincial de votre majesté, l'octroi d'une telle liste civile appartenant seulement constitutionnellement à votre fidèle peuple canadien en son parlement provincial: en conséquence, nous, les très-respectueux et loyaux sujets de votre majesté, les communes du Canada assemblées en parlement provincial, désirant qu'un certain revenu pour cette fin puisse être accordé à votre majesté, (à qui Dieu veuille accorder un long et heureux règne) comme un témoignage de notre affection sincère pour votre personne sacrée et votre gouvernement, avons en conséquence librement résolu d'accorder à votre majesté un certain revenu, payable à même le fonds consolidé des revenus de cette province; nous supplions donc humblement votre majesté qu'il puisse être statué, et qu'il soit en conséquence statué par la très-excellente majesté de la reine, par et de l'avis et consentement du conseil législatif et de l'assemblée législative de la Province du Canada, constitués et assemblés en vertu et sous l'autorité d'un acte passé dans le parlement du royaume-uni de la Grande-Bretagne et d'Irlande, intitulé: *Acte pour réunir les provinces du Haut et du Bas-Canada, et pour le gouvernement du Canada*, et il est par ces présentes statué par la dite autorité, que tous droits et revenus sur lesquels les législatures respectives du Haut-Canada ou du Bas-Canada, avaient avant la passation de l'acte impérial, intitulé: *Acte pour réunir les Provinces du Haut et du Bas-Canada, et pour le gouvernement du Canada*, ou sur lesquels la législature de cette province a, ou peut avoir pouvoir d'appropriation, formeront un fonds consolidé des revenus, pour être approprié au service public de cette province, en la manière et sujet aux charges ci-après mentionnées.

---

passé par le Conseil Législatif et l'Assemblée, et a été, lors de la prorogation de la dite session, le neuvième jour de juin susdit, présenté à notre Gouverneur Général de notre dite province, pour notre assentiment à icelui, qui, en vertu de l'autorité à lui conférée par un certain acte du Parlement du Royaume-Uni de la Grande-Bretagne et d'Irlande, passé dans la session tenue dans la 3e et 4e années, de notre règne, intitulé: " *Acte pour réunir les Provinces du Haut et du Bas-Canada et pour le gouvernement du Canada,*" et que dans sa discrétion il déclara alors et là qu'il réservait le dit bill pour la signification de notre plaisir sur icelui. MAINTENANT SACHEZ que le dit bill, intitulé: " Acte pour accorder une liste civile à Sa Majesté " nous ayant été soumis en conseil, le 10e jour d'août maintenant dernier, il nous a plû donner à icelui, et par ces présentes et en vertu des dispositions du dit acte du Parlement du Royaume-Uni, passé dans les 3e et 4e années de notre règne, Nous donnons notre assentiment au dit bill; ce dont nos sujets dévoués et tous ceux que ces présentes pourront concerner sont requis de prendre connaissance, et de se conduire en conséquence.

EN FOI DE QUOI, Nous avons fait rendre nos présentes Lettres Patentes et à icelles fait apposer le grand sceau de notre dite Province du Canada: Témoin, notre très-fidèle et bien-aimé cousin, JAMES COMTE D'ELGIN ET KINCARDINE, etc., etc., etc.

Par ordre,

D. DALY, *Secrétaire.*

II. Et qu'il soit statué, que tous les frais, charges et dépenses encourues pour percevoir, administrer et recouvrer les revenus, seront portés permanemment au compte du fonds consolidé des revenus de cette province; les dits frais, charges et dépenses étant néanmoins sujets à examen et audition, en telle manière qu'il pourra être prescrit par aucun acte de la législature.

III. Et qu'il soit statué, qu'à même le fonds consolidé des revenus de cette province, il sera payé chaque année à sa majesté, ses héritiers et successeurs, une somme n'excédant pas trente-quatre mille six cent trente-huit livres, quinze chelins et quatre deniers courant, pour subvenir aux dépenses des divers services et objets énumérés dans la cédule A annexée au présent acte; et il sera payé chaque année à sa majesté, ses héritiers et successeurs, à même le dit fonds consolidé des revenus, durant la vie de sa majesté, et pendant les cinq années qui suivront son décès, une autre somme n'excédant pas trente-neuf mille deux cent quarante-cinq livres, seize chelins courant, pour subvenir aux dépenses des divers services et objets énumérés dans la cédule marquée B annexée au présent acte; et les dites sommes de trente-quatre mille six cent trente-huit livres, quinze chelins et quatre deniers, et de trente-neuf mille deux cent quarante-cinq livres, seize chelins, seront émises par le receveur-général pour acquitter tel warrant ou warrants qui lui seront adressés de tems à autre sous le seing et le sceau du gouverneur; et le dit receveur-général sera tenu d'en rendre compte à sa majesté, par la voie des lords commissaires de la trésorerie de sa majesté, en la manière et forme qu'il plaira gracieusement à sa majesté l'ordonner.

IV. Et qu'il soit statué, que les sommes inscrites dans la première colonne en regard de chaque charge ou département dans les dites cédules A et B, seront payées, en ce qui concerne chaque charge, tant que les fonctionnaires actuels demeureront respectivement en charge; et toute et chaque fois que le fonctionnaire actuel cessera d'occuper telle charge, les sommes respectivement mentionnées dans la première colonne cesseront d'être payées, et les sommes mentionnées dans la seconde colonne seront, le cas échéant, payées à la place, tel que mentionné dans les dites cédules.

V. Et qu'il soit statué, qu'il sera loisible au gouverneur d'abolir aucune des charges énumérées dans la cédule B, ou de changer le montant des sommes de deniers appropriées par icelle, à telles fins liées à l'administration du gouvernement de cette province que sa majesté, ses héritiers et successeurs jugeront convenables; et des comptes détaillés de l'emploi des diverses sommes dépensées en vertu du présent acte, seront présentés aux deux chambres de la législature dans les trente jours depuis le commencement de la session qui suivra l'emploi des dits deniers: pourvu toujours, qu'à même la somme portée dans la cédule A, il ne sera pas payé plus de deux mille deux cent vingt-deux livres, deux chelins et quatre deniers dans le même tems, pour les pensions des juges; et qu'il ne sera pas payé, à même la somme portée dans la cédule B, plus de cinq mille cinq cent cinquante-cinq livres, onze chelins et un denier dans le même tems, pour des pensions; et une liste des dites pensions, et des personnes auxquelles elles auront été accordées, sera soumise chaque année à la législature.

VI. Et qu'il soit statué, que pendant le tems pour lequel les dites diverses sommes énumérées dans les dites cédules sont respectivement payables, elles seront acceptées et reçues par sa majesté, par forme de liste civile, au lieu et place de tous les revenus territoriaux et autres qui sont maintenant à la disposition de la couronne, et qui proviennent de cette province; et les trois-cinquièmes du produit net des dits revenus territoriaux et autres, maintenant à la disposition de la couronne, et qui proviennent de cette province, seront portés au compte du dit fonds consolidé des revenus; et les deux-cinquièmes restant du produit des dits revenus territoriaux, et autres qui sont maintenant à la disposition de la couronne en cette province, seront aussi pareillement, durant la vie de sa majesté, et pendant les cinq années qui suivront le décès de sa majesté, portés au compte du dit fonds consolidé des revenus.

VII. Et qu'il soit statué, que la consolidation des droits et revenus de cette province ne sera pas censée affecter le paiement, à même le fonds consolidé des revenus, d'aucune somme ou sommes ci-devant payées à même les droits et impôts maintenant levés, prélevés et perçus, ou qui pourront l'être par la suite, pour l'usage de l'une ou l'autre des ci-devant Provinces du Haut ou du Bas-Canada, ou de cette province, pendant la durée du tems fixé par les divers actes de la législature de la province qui auront respectivement autorisé le paiement des dites charges.

VIII. Et qu'il soit statué, qu'il ne sera pas loisible à l'assemblée législative de passer aucune résolution, vote ou bill, ou de prendre l'initiative relativement à l'appropriation d'aucune partie du dit fonds consolidé des revenus, ou d'aucune autre taxe ou impôt, pour aucun objet qui n'aura pas au préalable été recommandé par un message du gouverneur à la dite assemblée législative, durant la session pendant laquelle tel vote, résolution ou bill sera passé.

IX. Pourvu toujours, et qu'il soit statué, que les dispositions ci-dessus du présent acte, n'auront aucune force ou effet avant que les cinquantième, cinquante-et-unième, cinquante-deuxième, cinquante-troisième, cinquante-quatrième, cinquante-cinquième, cinquante-sixième et cinquante-septième sections de l'acte du Parlement du Royaume-Uni de la Grande-Bretagne et d'Irlande, intitulé : *Acte pour réunir les Provinces du Haut et du Bas-Canada, et pour le Gouvernement du Canada,* ainsi que les cédules auxquelles il est fait allusion dans les dites sections, aient été abrogées.

CÉDULE (A.)

CHARGES, etc.	Montant payable tant que le fonctionnaire actuel demeurera en charge. — Courant.			Montant qu'on se propose d'allouer a l'avenir, à mesure qu'il surviendra quelque vacance par le déplacement des fonctionnaires actuels. — Courant.		
	£	s.	d.	£	s.	d.
Le gouverneur-général, pour lui tenir lieu de tous honoraires, saisies et confiscations, £7,000 sterling......	7777	15	6	7777	15	6
HAUT-CANADA.						
Un juge en chef..................	1666	13	4	1250	0	0
Quatre juges puisnés, à £1,000 chaque........................	4000	0	0	4000	0	0
Un vice-chancelier................	1250	0	0	1111	2	2
BAS-CANADA.						
Un juge en chef du Bas-Canada.....	1666	13	4	1250	0	0
Trois juges puisnés, Québec, à £1,000, chaque......................	3000	0	0	3000	0	0
Un juge en chef de Montréal ou de Québec, suivant le cas...........	1222	4	4	1200	0	0
Trois juges puisnés de Montréal, à £1,000 chaque..................	3000	0	0	3000	0	0
Un juge aux Trois-Rivières........	1000	0	0	500	0	0
Un juge du district de St. François..	555	11	1	500	0	0
Premier juge, district de Gaspé.......	555	11	1	500	0	0
Second juge, district de Gaspé......	500	0	0	500	0	0
Pensions des juges.................	2222	2	4	2222	2	4
Procureurs et solliciteurs généraux, salaires et allocations pour dépenses contingentes....................	3900	0	0	3900	0	0
Cour de vice-amirauté.............	472	4	4	470	0	0
Alloué aux juges de circuit.........	1550	0	0	1550	0	0
Clerc permanent attaché au département des officiers en loi de la couronne.........................	300	0	0	300	0	0
Totaux, courant..........£	34638	15	4	33031	0	0

CÉDULE (B.)

CHARGES, etc.	Montant payable tant que le fonctionnaire actuel demeurera en charge. — Courant.			Montant qu'on se propose d'allouer à l'avenir, à mesure qu'il surviendra quelque vacance par le déplacement des fonctionnaires actuels. — Courant.		
	£	s.	d.	£	s.	d.
Secrétaire du gouverneur et son bureau	1925	8	6	1536	0	0
Secrétaire provincial et son bureau	4423	1	10	4242	0	0
Bureau du régistrateur qui devra se fondre dans celui du secrétaire provincial, après le déplacement du présent fonctionnaire	1083	6	6	650	0	0
Bureau du receveur-général	2300	8	8	2056	0	0
Inspecteur-général et son bureau	4022	13	4	3856	0	0
Bureau du conseil exécutif	2922	4	4	2637	0	0
Bureau d'administration des travaux publics	2094	17	7	2000	0	0
Agent des émigrés	752	4	2	752	4	2
Pensions	5555	11	1	5555	11	1
Rentes annuelles des sauvages	6666	0	0	6666	0	0
Dépenses contingentes des bureaux publics	7500	0	0	7500	0	0
Totaux, courant £	39245	16	0	37450	15	3

Acte pour abroger la partie d'un acte des troisième et quatrième années de sa présente majesté, pour réunir les Provinces du Haut et du Bas-Canada, et pour le Gouvernement du Canada, qui a rapport à l'usage de la langue anglaise dans les instruments relatifs au Conseil Législatif et à l'Assemblée Législative de la Province du Canada.

11 et 12 Vict. ch. 56.

(14 *Août*, 1848.)

ATTENDU que par un acte passé dans la session du parlement tenue dans les troisième et quatrième années de sa présente majesté, intitulé : *Acte pour réunir les Provinces du Haut et du Bas-Canada, et pour le Gouvernement du Canada*, il a été entr'autres choses statué, que depuis et après la réunion des dites deux provinces, tous ordres, proclamations, instruments pour mander et convoquer le Conseil Législatif et l'Assemblée Législative de la Province du Canada, et pour les proroger et les dissoudre et tous ordres de sommation et d'élections, et tous ordres et instruments publics quelconques, relatifs au dit conseil législatif et à la dite assemblée législative, ou à aucun de ces corps, et tous rapports de tels ordres et instruments, et tous journaux, entrées et procédés, écrits ou imprimés du dit conseil législatif etde la dite assemblée législative, et de chacun de ces corps respectivement, de quelque nature qu'ils soient, et tous procédés et rapports de comités écrits ou imprimés du dit conseil législatif et de la dite assemblée législative, seront dans la langue anglaise seulement : pourvu toujours, que la dite disposition ne s'entendrait pas empêcher qu'il ne soit fait des copies traduites d'aucuns tels documents, mais qu'aucune telle copie ne serait gardée parmi les records du conseil législatif ou de l'assemblée législative, ni censée avoir en aucun cas l'effet d'un record original : et attendu qu'il est expédient de changer la loi à cet égard, afin que la Législature de la Province du Canada, ou le dit conseil législatif et la dite assemblée législative respectivement, puissent avoir le pouvoir d'établir à ce sujet tels règlements qu'ils pourront juger à propos : qu'il soit en conséquence statué par la Très-Excellente Majesté de la Reine, par et de l'avis et du consentement des lords spirituels et temporels, et des communes assemblés en ce présent parlement et par leur autorité, que depuis et après la passation du présent acte, telle partie du dit acte cité dans le présent et récitée ci-dessus sera abrogée.

II. Et qu'il soit statué, que le présent acte, ou toute partie d'icelui, pourra être abrogé, changé ou modifié en aucun tems pendant la présente session du parlement.

" Extraits des règles permanentes de l'assemblée législative, concernant les bills privés ou locaux—adoptées le 3 août 1850.

60e Règle.—Qu'à l'avenir, la chambre ne recevra aucune pétition pour aucun bill privé ou local après les quinze premiers jours de chaque session, à moins que le pétitionnaire n'ait auparavant demandé, après en avoir donné avis, la permission de présenter la dite pétition, et obtenu de la chambre la permission de le faire.

61e Règle.—Qu'à l'avenir, cette chambre ne recevra aucun bill privé ou local que dans les premières quatre semaines de chaque session.

62e Règle.—Que cette chambre ne recevra aucun rapport du comité permanent ou spécial sur aucun bill privé ou local, que dans les premières six semaines de chaque session.

64e Règle.—Que toutes les demandes pour un bill privé ou local pour l'érection d'un pont, la construction d'un chemin de fer, d'un chemin à barrières ou d'une ligne de télégraphe—la construction ou l'amélioration d'un havre, canal, écluse, chaussée ou glissoire, ou autre travail semblable—la construction de travaux pour fournir le gaz ou l'eau—ou pour l'incorporation d'aucune profession ou négoce particulier, ou aucune compagnie de banque ou de commerce, ou compagnie de cimetière—l'incorporation d'une ville ou cité—l'imposition d'aucune taxe locale—la division d'aucun comté ou township—le règlement d'une commune—l'arpentage de nouveau d'aucun township, ligne ou concession—ou pour accorder à aucun individu ou individus aucun droit ou privilége exclusif—ou pour faire aucune matière ou chose qui serait de nature à affecter les droits ou propriétés d'autres parties—ou pour faire aucun amendement d'une nature analogue à aucun ancien acte, exigera la publication de l'avis suivant, savoir :

Dans le *Haut-Canada.*—Un avis sera inséré dans un papier-nouvelle, publié dans le comté ou union de comtés intéressés.

Dans le *Bas-Canada.*—Un avis inséré dans un papier-nouvelle en langue anglaise et dans un papier-nouvelle en langue française dans le district intéressé (si aucun tel papier-nouvelle y est publié) et aussi affiché à la porte de l'église de chaque paroisse ou township qui peut être intéressé dans la dite demande, ou dans l'endroit le plus public quand il n'y a pas d'église.

Les dits avis seront continués dans chaque cas pour une période d'au moins deux mois, durant l'intervalle du temps qui s'écoulera entre la fin de la session précédente et la présentation de la pétition.

65e Règle.—Qu'avant qu'il soit présenté à cette chambre aucune pétition pour obtenir permission d'introduire un bill privé pour ériger un pont de péage, la personne ou les personnes qui se proposeront de pétitionner pour tel bill, en donnant la notice ordonnée par la règle soixante-quatrième, donneront aussi, en même temps et de la même manière, un avis indiquant les taux qu'elles se proposeront de demander, l'étendue du privilége, l'élévation des arches, l'espace entre les culées ou piliers pour le passage des radeaux et bâtiments, et mentionnant si elles se proposent de bâtir un pont-levis ou non, et les dimensions de tel pont-levis.

66e Règle.—Que les parties publiant l'avis de la prétendue demande pour bills privés, en vertu de la soixante-quatrième règle, devront transmettre (aussitôt que possible après la publication du dit avis,) à l'adresse du " bureau des bills privés, assemblée législative," une copie du papier-nouvelle contenant la première insertion du dit avis, (ou un certificat de l'insertion d'icelui par le propriétaire du dit papier-nouvelle) ; et aussi, après la présentation de la pétition, une copie du papier-nouvelle contenant la dernière insertion du dit avis (ou un certificat d'icelle,) ensemble avec la preuve que le dit avis a été affiché (si on le requiert) aux portes d'église.

67e Règle.—Que chaque bill privé sera préparé par les parties qui le demanderont, et imprimé par la personne qui aura entrepris les impressions journalières de la session de la chambre, aux frais des dites parties, et cent cinquante copies d'icelui seront déposées dans le bureau des bills privés pour l'usage des membres, avant la seconde lecture.

69e Règle.—Que lorsqu'aucun bill sera soumis à la chambre pour confirmer des lettres-patentes, une vraie copie des dites lettres-patentes sera annexée au dit bill.

70e Règle.—Que les frais et dépenses encourus sur les bills privés qui accordent des priviléges ou avantages exclusifs, soit pour la construction d'un pont, d'un chemin de fer, d'un chemin à barrières, d'une ligne de télégraphe, d'un hâvre, canal, écluse, glissoire, chaussée ou autres travaux semblables—ou pour l'incorporation de compagnies de banque ou de commerce, compagnies de cimetières ou compagnies pour la construction d'usine à gaz ou d'aqueducs, ou pour aucun autre objet de profit—ou pour amender et étendre aucun ancien acte de manière à conférer des pouvoirs additionnels, ne devraient point être payés par le public, et que pour subvenir aux frais d'iceux les parties demandant à obtenir aucun dit bill seront obligées de payer entre les mains du greffier de cette chambre la somme de QUINZE LOUIS, avant que, dans aucun cas, le dit bill soit discuté après avoir été lu pour la seconde fois.

79e. Règle.—Qu'aucun bill privé ne sera lu une troisième fois avant que la partie intéressée ait remis au greffier un certificat de l'imprimeur de la reine, constatant que les frais d'impression de 150 copies de l'acte qui doivent être livrées au gouvernement, ont été payés, ou que le paiement est garanti.

W. B. LINDSAY.
Greffier de l'Assemblée.

LISTE DES GOUVERNEURS DU CANADA

DEPUIS LA CESSION.

ANNÉES.	NOMS.	TITRES.
1765..	James Murray,........	Gouverneur.
1766..	P. M. Irvine,.........	Président,
1766..	Guy Carleton,........	Lieut. Gouv. et Comm. en Chef.
1770..	H. J. Cramahé,.......	Président.
1774..	Guy Carleton,........	Lieut. Gouv. et Comm. en Chef.
1778..	F. Haldimand,........	" " " "
1784..	H. Hamilton,.........	" " " "
1785..	H. Hope,............	" " " "
1793..	Lord Dorchester,......	Gouverneur Général.
1796..	Général Prescott,......	" "
1799..	Sir R. S. Milnes,......	Lieut. Gouverneur.
1807..	Sir J. Craig,.........	Gouverneur.
1811..	Hon. T. Dunn,........	Président.
1811..	Sir G. Prévost,........	Gouverneur.
1816..	Sir J. C. Sherbrooke,..	"
1818..	Duc de Richmond,....	"
1819..	Hon. Jas. Monk,......	Président.
1820..	Sir P. Maitland,......	Gouverneur.
1820..	Comte de Dalhousie,..	"
1824..	Sir F. M. Burton,.....	Lieut. Gouverneur.
1825..	Comte de Dalhousie,..	Gouverneur.
1828..	Sir Jas. Kempt,......	"
1830..	Lord Aylmer,........	"
1835..	Comte de Gosford,....	"
1838..	Sir J. Colborne,.......	Administrateur.
1838..	Comte de Durham,....	Gouv. Gén. et Haut Commissaire.
1838..	Sir J. Colborne,......	Administrateur.
1839..	Lord Sydenham,......	Gouverneur.
1842..	Sir Charles Bagot,....	"
1843..	Sir Charles Metcalfe,..	"
1845..	Lord Cathcart,........	Administrateur.
1846..	Comte d'Elgin,........	Gouverneur.

NOMS DES MEMBRES DE LA CHAMBRE D'ASSEMBLÉE

COMTÉS.	1792 à 1796.	1797 à 1800.	1801 à 1805.
Gaspé,............	Ed. O'Hara,	Ed. O'Hara,	W. Vondenvelden,
Cornwallis,......	P. L. Panet,	P. Sirois,	J. Boucher,
	J. Digé,	A. Menut,	A. Menut,
Devon,..........	F. Dambourgès	N. Dorion,	B. Peltier,
	J. Tod,	F. Bernier,	F. Bernier,
Hertford,........	P. Marcoux,	P. Marcoux,	M. Tellier,
	L. Dunière,	F. Têtu,	L. Blais,
Dorchester,.......	G. E. Taschereau,	C. Begin,	J. Caldwell,
	L. De Salaberry,	A. Dumas,	T. Taschereau,
Buckingham Shire,	A. J. Duchesnay,	J. Craigie,	J. Craigie,
	J. M. Tonnancour,	G. W. Allsopp,	L. Gouin,
Bourg Wm. Henry,.	J. Barnes,	J. Sewell,	J. Sewell,
Richelieu,........	P. Guérout,	Charles Millette,	L. E. Hubert,
	B. Cherrier,	C. B. Livernois,	L. Brodeur,
Bedford,..........	J. De Rouville,	N. Coffin,	J. Steele,
Surrey,.........	P. Rocheblave,	P. Rocheblave,	P. Rocheblave,
	F. Malhiot,	O. Durocher,	F. Leveque,
Kent,...........	R. Boileau,	A. Lafontaine,	A. Lafontaine,
	P. L. Pierreville,	J. Viger,	F. Viger,
Huntingdon,.....	H. Dupré,	J. F. Perrault,	J. B. Raymond,
	C. De Lorimier,	J. Perinault,	Sir A. McKenzie,
York,...........	C. De Lotbinière,	H. Lacroix,	J. Bédard,
	P. A. De Bonne,	J. Hétier,	L. C. Foucher,
Montréal,........	J. Papineau,	J. Ducharme,	J. Papineau,
	T. Walker.	E. Guy,	T. Walker,
Dito Quart. Ouest,	J. McGill,	J. Papineau,	J. McGill,
	J. B. Durocher,	D. Viger,	J. Perrault,
Dito Quartier Est,	J. Frobisher,	A. Auldjo,	P. L. Panet,
	J. Richardson,	L. C. Foucher,	F. Badgley,
Effingham,.......	J. Jordan,	J. Jordan,	A. Nadon,
	J. Lacroix,	C. B. Bouc,	C. B. Bouc,
Leinster,........	F. A. Larocque,	J. Viger,	J. Beaumont,
	Bon. Panet,	B. Panet,	J. Archambault,
Warwick,........	P. Lavaltrie,	J. Cuthbert,	J. Cuthbert,
	A. Olivier,	G. De Lanaudière,	R. Cuthbert,
Bourg Trois-Rivières,....	John Lees,	John Lees,	J. Lees,
	N. St. Martin,	P. A. De Bonne,	P. A. De Bonne,
St. Maurice,.....	T. Coffin,	T. Coffin,	T. Coffin,
	A. Rivard,	N. Montour,	M. Bell,
Hampshire,......	M. McNider,	J. Plante,	J. Plante,
	J. Boudreau,	F. Huot,	F. Huot,
Québec,.........	L. De Salaberry,	J. Black,	M. A. Berthelot,
	D. Lynd,	L. Paquet,	L. Paquet,
Dito Haute-Ville,	J. A. Panet,	J. A. Panet,	J. A. Panet,
	W. Grant,	W. Grant,	A. J. Raby,
Dito Basse-Ville,.	R. Lester,	A. J. Raby,	R. Lester,
	J. Young,	J. Young,	J. Young,
Northumberland,..	J. Dufour,	P. Bédard,	P. Bédard,
	P. Bédard,	J. Fisher,	J. M. Poulin,
Orléans,..........	N. G. Boisseau.	J. Martineau.	J. Martineau.

DU BAS-CANADA, DEPUIS LA CONSTITUTION (1791).

1805 à 1808.	1809.	1810.	1810 à 1814.
George Pyke,	George Pyke,	George Pyke,	George Pyke,
J. N. Perrault,	J. L. Borgia,	J. L. Borgia,	J. L. Borgia,
A. Roi,	J. Robitaille,	J. Robitaille,	J. Robitaille,
J. B. Fortin,	J. B. Fortin,	J. B. Fortin,	J. B. Fortin,
F. Bernier,	F. Bernier,	F. Bernier,	F. Bernier,
L. Turgeon,	L. Turgeon,	F. Blanchet,	F. Blanchet,
E. F. Roi,	E. F. Roy,	E. F. Roy,	E. F. Roy,
J. Caldwell,	J. Caldwell,	T. Taschereau,	J. Caldwell,
T. Taschereau,	P. Langlois,	P. Langlois,	P. Langlois,
L. Proulx,	J. B. Hébert,	J. B. Hébert,	J. B. Hébert,
F. Legendre,	F. Legendre,	F. Legendre,	F. Legendre,
J. Sewell,	J. Sewell,	Ed. Bowen,	E. Bowen,
L. Bourdages,	L. Bourdages,	Louis Bourdages,	L. Bourdages,
H. M. Delorme,	B. Cherrier,	H. M. Delorme,	H. M. Delorme,
W. S. Moore,	W. S. Moore,	J. Jones,	A. Desbleds,
N. Rocheblave,	P. Chagnon,	P. Bédard,	P. Bédard,
J. Cartier,	J. Cartier,	J. Beauchamp,	J. Bédard,
P. Weilbrenner,	J. Plante,	P. D. Debartzch,	P. D. Debartzch,
F. Viger,	L. J. Papineau;	L. J. Papineau,	L. J. Papineau,
L. De Salaberry,	S. Sewell,	S. Sewell,	E. Henry,
J. A. Panet,	J. A. Panet,	J. A. Panet,	J. A. Panet,
J. Mure,	J. Mure,	J. Mure,	F. Bellet,
E. L. Dumont,	J. J. Trestler,	P. St. Julien,	P. St. Julien,
B. Frobisher,	J. B. Durocher,	J. B. Durocher,	J. B, Durocher,
L. Roy Portelance	L. R. Portelance,	L. R. Portelance,	L. R. Portelance,
J. McGill,	W. McGillivray,	T. McCord,	E. N. St. Dizier,
L. Chaboillez,	D. B. Viger,	D. B. Viger,	A. N. McLeod,
J. Richardson,	J. Stuart,	J. Stuart,	S. Sewell,
J. M. Mondelet,	J. M. Mondelet,	J. Papineau,	J. Papineau,
A. Nadon,	J. Meunier,	J. Meunier,	J. Meunier,
F. Porteous,	J. Duclos,	J. Duclos,	J. Malbœuf,
C.G.Delanaudière,	J. F. Faribault,	B. Panet,	J. Archambault,
J. Archambault,	J. Turgeon,	T. Taschereau,	D. B. Viger,
J. Cuthbert,	J. Cuthbert,	J. Cuthbert,	J. Cuthbert,
R. Cuthbert,	R. Cuthbert,	R. Cuthbert,	L. Olivier,
J. Lees,	J. Badeaux,	J. Badeaux,	T. Coffin,
L. C. Foucher,	E. Hart,	M. Bell,	M. Bell,
D. Munro,	T. Coffin,	L. Gugy,	F. Caron,
M. Caron,	M. Caron,	M. Caron,	M. Caron,
J. Plante,	F. Huot,	F. Huot,	F. Huot,
L.J.A.Duchesnay,	L.J.A.Duchesnay,	L.J.A.Duchesnay,	F. X. Larue,
M. A. Berthelot,	R. Gray,	R. Gray,	L. Gauvreau,
P. A. De Bonne,	P. A. De Bonne,	P. A. De Bonne,	J. B. Bédard,
J. A. Panet,	J. Blackwood,	J. Blackwood,	J. Irvine,
W. Grant,	C. Denechaud,	C. Denechaud,	C. Denechaud,
L. De Salaberry,	P. Bédard,	P. Bédard,	J. Mure,
J. Young,	J. Jones,	J. Jones,	P. Bruneau,
P. Bedard,	A. Caron,	J. Drapeau,	Joseph Drapeau,
J. M. Poulin,	J. M. Poulin,	T. Lee,	T. Lee,
J, Martineau.	J. Martineau.	J. Martineau.	C. Blouin.

NOMS DES MEMBRES DE LA CHAMBRE D'ASSEMBLEE

COMTÉS.	1815 à 1816.	1817 à 1819.	1820.
Gaspé,	G. Browne,	J. Cockburne,	
Cornwallis,	J. L. Borgia, J. Robitaille,	J. L. Borgia, J. Robitaille,	J. B. Taché, J. Robitaille,
Devon,	F. Fournier, J. F. C. Després,	F. Fournier, J. B. Fortin,	F. Fournier, J. B. Fortin,
Hertford,	F. Blanchet, E. F. Roy,	L. Turgeon, E. F. Roy,	F. Blanchet, F. X. Paré,
Dorchester,	J. T. Taschereau, J. Davidson,	J. T. Taschereau, J. Davidson,	L. Lagueux, J. Davidson,
Buckingham Shire	F. Bellet, J. Stuart,	Frs. Bellet, J. Badeaux,	F. Bellet, J. Bourdages,
William Henry,	R. Jones,	R. Jones,	R. Jones,
Richelieu,	S. Cherrier, F. Malhiot,	S. Cherrier, J. Dessaulles,	F. St. Onge, J. Dessaulles,
Bedford,	H. Georgen,	T. McCord,	J. Franchères,
Surrey,	P. Amiot, E. Duchesnois,	P. Amiot, E. Duchesnois,	P. Amiot, E. Duchesnois,
Kent,	J. Bresse, N. Breux,	Denis Ben. Viger, P. Bruneau,	D. B. Viger, P. Bruneau,
Huntingdon,	A. Cuvillier, M. O'Sullivan,	Austin Cuvillier, M. O'Sullivan,	A. Cuvillier, M. O'Sullivan,
York,	E. L. Dumont, W. Forbes,	E. L. Dumont, J. B. Feré,	E. L. Dumont, A. Perrault,
Montréal,	J. Stuart, A. Richer,	J. Stuart, A. Richer,	J. Perrault, J. Valois,
Dito Quart. Ouest,	L. J. Papineau, J. Fraser,	Ls. Jos. Papineau, F. Souligny,	L. J. Papineau, G. Garden,
Dito Quartier Est,	S. De Beaujeu, G. Platt,	L. R. Portelance, J. Molson,	H. Heney, T. Busby,
Effingham,	S. Sherwood, J. Malbœuf,	S. Sherwood, J. Malbœuf,	J. Oldham, F. Tassé,
Leinster	J. Lacombe, D. B. Viger,	J. Lacombe, B. Beaupré,	J. Lacombe, B. Joliette,
Warwick,	J. Deligny, R. Cuthbert,	J. Deligny, J. D. Bondy,	A. Mousseau, R. Cuthbert,
Bourg Trois-Rivières,	C. R. Ogden, A. Berthelot,	C. R. Ogden, P. Vézina,	C. R. Ogden, J. G. Tonnancour,
St. Maurice,	E. Leblanc, Vallières St. Réal,	E. Mayrand, L. Gugy,	L. Picotte, P. Bureau,
Hampshire,	F. Huot, G. W. Allsopp,	F. Huot, G. W. Allsopp,	F. Huot, C. Langevin,
Québec,	L. Gauvreau, P. Bréhaut,	L. Gauvreau, P. Bréhaut,	L. Gauvreau, J. Neilson,
Dito Haute-Ville,	J. A. Panet, C. Denechaud,	G. Vanfelson, C. Denechaud,	Vallières St. Réal, C. Denechaud,
Dito Basse-Ville,	A. Stuart, P. Bruneau,	A. Stuart, F. Languedoc,	P. Burnet, T. Lee,
Northumberland,	E. C. Lagueux, T. Lee,	E. C. Lagueux, Ph. Panet,	E. C. Lagueux, P. Panet,
Orléans,	C. Blouin.	Ch. Blouin.	F. Quirouet.

DU BAS-CANADA, DEPUIS LA CONSTITUTION (1791).—(*Continuation.*)

1820 à 1824.	1825 à 1827.	1827 à 1829.
J. T. Taschereau,	J. T. Taschereau,	Robert Christie,
J. B. Taché,	J. L. Borgia,	J. L. Borgia,
J. Robitaille,	J, Robitaille,	J. Robitaille,
F. Fournier,	J. C. Desprès,	J. C. Letourneau,
J. B. Fortin,	J. B. Fortin,	J. B. Fortin,
F. Blanchet,	F. Blanchet,	F. Blanchet,
F. X. Paré,	N. Boissonnault,	N. Boissonnault,
L. Lagueux,	L. Lagueux,	L. Lagueux,
J. Davidson,	J. Davidson,	J. Davidson,
J. B. Proulx,	J, B. Proulx,	J. B. Proulx,
L. Bourdages,	L. Bourdages,	L. Bourdages,
R. Jones,	N. F. Uniacke,	Wolfred Nelson,
F. St. Onge,	R. De St. Ours,	R. De St. Ours,
J. Dessaulles,	J. Dessaulles,	J. Dessaulles,
J. Jones,	J. B. De Rouville,	J. B. De Rouville,
P. Amiot,	P. Amiot,	P. Amiot,
E. Duchesnois,	A. Massue,	F. Malhiot,
D. B. Viger,	D. B. Viger,	D. B. Viger,
F. A. Quesnel,	F. A. Quesnel,	F. A. Quesnel,
A. Cuvillier,	A. Cuvillier,	A. Cuvillier,
M. O'Sullivan,	J. M. Raymond,	J. M. Raymond,
E. L. Dumont,	E. L. Dumont,	J. Labrie,
A. Perrault,	J. Simpson,	J. B. Lefebvre,
J. Perrault,	J. Perrault,	J. Perrault,
J. Valois,	J. Valois,	J. Valois,
L. J. Papineau,	L. J. Papineau,	L. J. Papineau,
G. Garden,	P. De Rocheblave,	Robert Nelson,
H. Heney,	H. Heney,	H. Heney,
T. Thain,	James Leslie,	James Leslie,
J. Oldham,	C. De Montigny,	And. Papineau,
F. Tassé,	J. O. Turgeon,	Jos. O. Turgeon,
J. Lacombe,	C. Courteau,	L. Leroux,
M. Prévost,	J. M. Rochon,	J. Poirier,
A. Mousseau.	L. M. Barbier,	A. Mousseau,
J. Deligny,	J. Deligny,	J. Deligny,
C. R. Ogden,	A. Berthelot,	C. R. Ogden,
J. Badeaux,	E. Ranvoyzé,	P. B. Dumoulin,
L. Picotte,	C. Caron,	C. Caron,
P. Bureau,	P. Bureau,	P. Bureau,
F. Huot,	F. Drolet,	F. X. Larue,
C. Langevin,	J. Cannon,	J. Cannon,
L. Gauvreau,	M. Clouet,	M. Clouet,
J. Neilson,	J. Neilson,	J. Neilson,
Vallières St. Réal,	Vallières St. Réal,	Vallières St. Réal,
A. Stuart,	A. Stuart,	A. Stuart,
J. Bélanger,	J. Bélanger,	T. Lee,
J. McCallum,	T. A. Young,	T. A. Young,
E. C. Lagueux,	M. P. Laterrière,	M. P. Laterrière,
P. Panet,	J. Fraser,	E. C. Lagueux,
F. Quirouet.	F. Quirouet.	F. Quirouet.

LISTE DES MEMBRES DE LA CHAMBRE D'ASSEMBLEE DU

COMTÉ.	1830 à 1834.	1834 à 1838.
BEAUCE	A. C. Taschereau,	A. C. Taschereau,
	P. E. Taschereau,	P. E. Taschereau,
BEAUHARNOIS	C. Archambault,	C. Archambault,
	Jacob DeWitt,	Jacob Dewitt,
BELLECHASSE	N. Boissonnault,	N. Boisonnault,
	A. N. Morin,	A. N. Morin,
BERTHIER	J. Deligny,	J. Deligny,
	A. Mousseau,	A. Mousseau,
BONAVENTURE	E. Thibaudeau,	E. Thibaudeau,
	J. Gosset,	J. F. Deblois,
CHAMBLY	F. A. Quesnel,	L. M. Viger,
	L. M. Viger,	Louis Lacoste,
CHAMPLAIN	P, A. Dorion,	P. A. Dorion,
	O. Trudel,	O. Trudel,
DEUX-MONTAGNES	J. Labrie,	J. J. Girouard,
	W. H. Scott,	W. H. Scott,
DORCHESTER	L. Lagueux,	J. Bouffard,
	H. J. Caldwell,	J. Beaudoin,
DRUMMOND	F. G. Heriot,	E. Toomy,
GASPÉ	W. Power,	W. Power,
	Robert Christie,	J. Leboutillier,
KAMOURASKA	C. E. Casgrain,	A. Dionne,
	A. Dionne,	P. Marquis,
L'ACADIE	Robert Hoyle,	C. H. O. Côte,
	F. Languedoc,	M. Hotchkiss,
LACHENAIE	C. Courteau,	C. Courteau,
	J. M. Rochon,	J. M. Rochon,
LAPRAIRIE	A. Cuvillier,	J. M, Raymond,
	J. M. Raymond,	J. Cardinal,
L'ASSOMPTION	B. Joliette,	E, E. Rodier,
	A. Deschamps,	J. B. Meilleur,
L'ISLET	J. C. Létourneau,	J. C. Létourneau,
	J. B. Fortin,	J. B. Fortin,
LOTBINIÈRE	L. Méthot,	L, Méthot,
	J. B. I. Noël,	J. B. I. Noël,
MÉGANTIC	A. Anderson	G. Clapham,
MONTMORENCY	Phil. Panet,	E. Bédard,
MISSISQUOI	Ralph Taylor,	E. Knight,
	Stev. Baker,	S. Baker,
MONTRÉAL, (Comté)	Joseph Valois,	L. J. Papineau,
	J. Perrault,	C. S. Cherrier,
Dito QUARTIER EST	Hugh Heney,	James Leslie,
	James Leslie,	J. Roy,
Dito QUARTIER OUEST	L. J. Papineau,	L. J. Papineau,
	John Fisher,	Robert Nelson,

BAS-CANADA, DEPUIS LA CONSTITUTION, (1791.)—(*Continuation.*)

COMTÉS.	1830 à 1834.	1834 à 1838.
NICOLET	Louis Bourdages, J. B. Proulx,	Louis Bourdages, J. B. Proulx,
ORLÉANS	F. Quirouet, J. B. Cazeau,	A. Godbout, J. B. Cazeau,
OTTAWA	Phil. Wright, T. Davis,	J. Blackburn, T. B. Bowman,
PORTNEUF	F. X. Larue, H. S. Huot,	F. X. Larue, H. S. Huot,
QUÉBEC, (Comté)	J. Neilson, M. Clouet,	L. T. Besserer, J. Blanchet,
Dito HAUTE-VILLE	A. Stuart, J. F. Duval,	R. E. Caron, A. Berthelot,
Dito BASSE-VILLE	T. Lee, T. A. Young,	G. Vanfelson, A. Dubord,
RICHELIEU	R. De St. Ours, Jacques Dorion,	J. Dorion, C. S. De Bleury,
RIMOUSKI	F. X. L. Corneau, P. Dumais,	J. Bertrand, C. Taché,
ROUVILLE	R. S. Bourdages, J.B.R.H.deRouville	P. Careau, P. M. Bardy,
SAGUENAY	M. P. Laterrière, Isidore Bédard,	A. Simon, X. Tessier,
SHEFFORD	P. H. Knowlton,	S. Wood,
SHERBROOKE	C. F. H. Goodhue, Samuel Brooks,	A. Wells, J. Moore,
STANSTEAD	J. Baxter, E. Peck,	B. C. A. Gugy, M. Child,
ST. HYACINTHE	J. Dessaulles, L. R. Blanchard,	J. Grannis, L. R. Blanchard,
ST. MAURICE	P. Bureau, V. Guillet,	Dr. Boutillier, V. Guillet,
SOREL, (Bourg)	John Wurtele,	J. Pickel,
TERREBONNE	J. O. Turgeon, L. H. Lafontaine,	L. H. Lafontaine, S. Bouc,
TROIS-RIVIÈRES,(Ville)	C. R. Ogden, P. B. Dumoulin,	E. Barnard, R. Kimber,
VAUDREUIL	G. Beaudet, A. Demers,	C. Larocque, C. O. Perrault,
VERCHÈRES	P. Amiot, X. Malhiot,	P. Amiot, J. T. Drolet,
YAMASKA	C. De Montenach, J. Badeaux.	L. G. Tonnancour, E. B. O'Callaghan.

En 1831, J. Bertrand et A. Rivard furent élus pour le comté de Rimouski; P. T. Masson pour le Comté de Vaudreuil; D. Mondelet pour le comté de Montréal; B. C. A. Gugy pour celui de Sherbrooke.

En 1832, le Dr. Tracey fut élu au Quartier Ouest de Montréal; la même année L. J. Besserer est élu au comté de Québec, X. Tessier au comté de Saguenay et P. Careau au comté de Rouville, Olivier Berthelet fut élu pour le Quartier Ouest de Montréal.

En 1835, André Jobin fut élu pour représenter le comté de Montréal; J. B. Hébert, celui de Nicolet; Alexandre Fraser, celui de Kamouraska; J. A. Taschereau, celui de la Beauce; Chs. Drolet, celui de Saguenay.

En 1836, le comté de Montmorency élut Nic. Lefrançois et Vital Têtu; celui de St. Maurice, Frs. Desaulniers et A. B. Lajoie; la Haute-Ville de Québec, Andrew Stuart, celui de Drummond Henry Menut, et celui de Bonaventure Jas. McCracken.

En 1837, Norbert Eno est élu pour Berthier; M. F. Colby pour Stanstead, John Munn pour la Basse Ville de Québec, et Ludger Duvernay pour Lachenaie.

[La difficulté de se procurer les anciens journaux de la chambre d'assemblée a empêché le rédacteur de ce tableau d'obtenir les noms de tous ceux qui ont été élus pendant la durée de chaque parlement; il a été forcé de se borner à donner une liste complète des personnes élues aux élections générales.]

CONSEIL SPÉCIAL.

De 1838 à 1841.

James Cuthbert,	W. P. Christie,
Toussaint Pothier,	Jules Quesnel,
C. E. De Lery,	C. E. Casgrain,
George Moffatt,	William Walker,
Dominique Mondelet,	J. E. Faribault,
Peter McGill,	John Molson,
M. P. De Sales Laterrière,	Thomas Austin,
Barthélemy Joliette,	E. Mayrand,
P. De Rocheblave,	P. H. Knowlton,
John Neilson,	Turton Penn,
Amable Dionne,	J. Dionne,
Samuel Gerrard,	Edward Hale,
Robert U. Harwood,	Edward Hale, junior,
John Wainwright,	J. B. Taché.

NOMS DES MEMBRES L'ASSEMBLÉE LÉGISLATIVE

DU CANADA DEPUIS L'UNION, (1841.)

COMTÉS.	1841 à 1844.	1844 à 1848.	1848 à 1852.
Beauharnais,	J. W. Dunscomb,	Eden Colville,	J. Dewitt,
Bellechasse,	A. G Ruel,	A. N. Morin,	A. N. Morin,
Berthier,	D. Armstrong,	D. Armstrong,	D. Armstrong,
Bonaventure,	J. R. Hamilton,	J. LeBoutillier,	W. Cuthbert,
Brockville,	G. Sherwood,	G. Sherwood,	G. Sherwood,
Bytown,	S. Derbishire,	W. Stewart,	J. Scott,
Carleton,	J. Johnston,	J. Johnston,	E. Mallock,
Chambly,	John Yule,	L. Lacoste,	P. Beaubien,
Champlain,	R. J. Kimber,	L. Guillet,	L. Guillet,
Cornwall,	S. Y. Chesley,	R. McDonald,	J. H. Cameron,
Dorchester,	A. Taschereau,	A. Taschereau,	F Lemieux,
Drummond,	R. N. Watts,	R. N. Watts,	R. N. Watts,
Dundas,	John Cook,	G. McDonell,	J. P. Chrysler,
Durham,	J. T. Williams,	J. T. Williams,	. Smith,
Essex,	John Prince,	John Prince,	ohn Prince,
Frontenac,	H. Smith,	H. Smith,	H. Smith,
Gaspé,	R. Christie,	R. Christie,	R. Christie,
Glengarry,	J. S. McDonald,	J. S. McDonald,	J. S. McDonald,
Grenville,	Samuel Crane,	H. D. Jessup,	R. Burritt,
Haldimand,	D. Thompson,	D. Thompson,	D. Thompson,
Halton, Div. Est	Cabeb Hopkins,	G. Chalmers,	J. Wetenhall,
Halton, Div. Ouest (a)	ames Durand,	J. Webster,	J. Fergusson,
Hamilton,	ir Allan McNab,	Sir A. McNab,	Sir A. McNab,
Hastings,	R. Baldwin,	E. Murney,	B. Flint,
Huntingdon,	A. Cuvillier,	B. H. LeMoine,	T. Sauvageau,
Huron,	Dr. W. Dunlop,	Dr. W. Dunlop,	W. Cayley,
Kamouraska,	A. Berthelot,	A. Berthelot,	P. Marquis,
Kent,	Joseph Woods,	Jos. Woods,	M. Cameron,
Kingston,	S. B. Harrison,	J. A. McDonald,	J. A. McDonald,
Lanark,	M. Cameron,	M. Cameron,	R. Bell,
Leeds,	James Morris,	O R. Gowan,	W. B. Richards,
Leinster,	J. M. Raymond,	J. Dewitt,	N. Dumas,
Lennox et Addington,	J. S. Cartwright,	B. Seymour,	B. Seymour,
Lincoln, Div. Nord	W. H. Merritt,	W. H. Merritt,	W. H. Merritt,
Lincoln, Div. Sud. (b)	D. Thorburn,	Jas. Cummings,	D. McFarland,
L'Islet,	E. P. Taché,	E. P. Taché,	C. F. Fournier,
London,	H. H. Killaly,	W. Draper,	J. Wilson,
Lotbinière,	J. B. I. Noel,	J. Laurin,	J. Laurin,
Megantic,	D. Daly,	D. Daly,	D. Daly,
Middlesex,	T. Parke,	E. Ermatinger,	W. Notman,
Misssiquoi,	R. Jones,	J. Smith,	W. Badgley,
Montmorency,	F. A. Quesnel,	J. Cauchon,	J. Cauchon,
Montréal, Cité,	George Moffatt,	George Moffatt,	L.H.LaFontaine,
	B. Holmes,	C.C.S. DeBleury,	B. Holmes,
Montréal, Comté,	A. M. Delisle,	A. Jobin,	A. Jobin,
Niagara,	E. C. Campbell,	W. H. Dickson,	W. H. Dickson,
Nicolet,	A. N. Morin,	A. P. Methot,	T. Fortier,

(*a*) Le riding ouest du comté de Halton s'appelle maintenant comté de Waterloo.

(*b*) Le riding sud du comté de Lincoln s'appelle comté de Welland.

NOMS DES MEMBRES DE L'ASSEMBLÉE LÉGISLATIVE DU CANADA DEPUIS L'UNION, (1841.)—*Continuation.*

COMTÉS.	1841 à 1844.	1844 à 1848.	1848 à 1852.
Norfolk,	J. W. Powell,	J. W. Powell,	H. J. Boulton,
Northumberland, *Div. Sud*	G. M. Boswell,	G. B. Hall,	J. Hall,
Northumberland, *Div. Nord (a)*	J. Gilchrist,	A. H. Meyers,	A. H. Meyers,
Ottawa,	C. D. Day,	D. B. Papineau,	J. Egan,
Oxford,	F. Hincks,	R. Riddell,	F. Hincks,
Portneuf,	T. C. Aylwin,	L. T. Drummond,	A. J. Duchesnay,
Prescott,	D. McDonald,	Neil Stewart,	T. H. Johnson,
Prince Edouard,	J. P. Roblin,	J. P. Roblin,	D. B. Stevenson,
Québec, *Cité,*	D. Burnet,	T. C. Aylwin,	J. Chabot,
	H. Black,	J. Chabot,	T. C. Aylwin,
Québec, *Comté,*	J. Neilson,	P.J.O. Chauveau,	P.J.O. Chauveau,
Richelieu,	D. B. Viger,	Wolf. Nelson,	Wolf. Nelson,
Rimouski,	M. Borne,	L. Bertrand,	J. C. Taché,
Rouville,	A. DeSalaberry,	T. Franchère,	P. Davignon,
Russell,	W. Draper,	A. Petrie,	G. B. Lyon,
Saguenay,	E. Parent,	P. S. Laterrière,	P. S. Laterrière,
Shefford,	S. Foster,	S. Foster,	L. T. Drummond,
Sherbrooke, *Ville*	E. Hale,	E. Hale,	B. C. A. Gugy,
Sherbrooke, *Comté*	J. Moore,	S. Brooks,	S. Brooks,
Simcoe,	E. Steele,	W. B. Robinson,	W. B. Robinson,
Stanstead,	M. Child,	J. McConnell,	J. McConnell,
Stormont,	A. McLean,	D. Æ. McDonell	A. McLean,
St. Hyacinthe,	T. Boutillier,	T. Boutillier,	T. Boutillier,
St. Maurice,	J. E. Turcotte,	F. Desauniers,	L. J. Papineau,
Terrebonne,	M. McCulloch,	L.H.LaFontaine,	L. M. Viger,
Trois-Rivières,	C. R. Ogden,	E. Grieve,	A. Polette,
Toronto, *Cité*	J. H. Dunn,	H. Sherwood,	H. Sherwood,
	I. Buchanan,	W. H. Boulton,	W. H. Boulton,
Deux-Montagnes,	C. Robertson,	W. H. Scott,	W. H. Scott,
Vaudreuil,	J. Simpson,	J. P. Lantier,	J. B. Mongenais,
Verchères,	H. Desrivières,	J. Leslie,	J. Leslie,
Wentworth,	H. Smith,	H. Smith,	H. Smith,
Yamaska,	J. G. Barthe,	Léon Rousseau,	F. Leveillé,
York, *1er Division*	J. H. Price,	J. H. Price,	J. H. Price,
York, *2e*	G. Duggan,	G. Duggan,	W. Blake,
York, *3e*	J. E. Small,	J. E. Small,	J. C. Morrison,
York, *4e*	R. Baldwin,	R. Baldwin,	Rob. Baldwin,

En 1842, l'Honorable L. H. LaFontaine fut élu pour la quatrième division du Comté d'York, Haut-Canada.—L'Honorable L. M. Viger, pour Nicolet.—L'Honorable James Leslie, pour Verchères.—C. J. Forbes, pour les Deux-Montagnes.—A. B. Turgeon, pour Bellechasse.—W. Walker, pour Rouville.—Jacob Dewitt, pour Leinster.—D. B. Papineau, pour l'Ottawa.—H. J. Boulton, pour Niagara.—

En 1843, l'Honorable R. Baldwin, fut élu pour Rimouski.—E. G. Wakefield, pour Beauharnois.—Henry Sherwood, pour la Cité de Toronto.—H. Judah, pour Champlain.—Jean Chabot, pour la Cité de Québec.—Timothée Franchère, pour

(*a*) Le riding nord du comté de Northumberland s'appelle comté de Peterborough. Voir les notes au bas des pages 103 et 104.

Rouville.—André Jobin, pour le Comté de Montréal.—Pierre Beaubien, pour la Cité de Montréal.

En 1845, J. A. Taschereau, fut élu au Comté de Dorchester.—L'Honorable D. B. Viger, aux Trois-Rivières.

En 1846, l'Honorable William Cayley, fut élu au Comté de Huron.—George Lyon, pour Carleton.—R. B. Conger, pour Prince-Edouard.—J. H. Cameron, pour Cornwall.—C. F. Fournier, pour l'Islet.—William Badgley, pour Missisquoi.

En 1847, John Wilson, fut élu pour London.—Frs. Lemieux, pour Dorchester.

En 1848, G. E. Cartier, fut élu pour Verchères.—F. X. Methot, pour la Cité de Québec.—A. T. Galt, pour le Comté de Sherbrooke.

En 1849, L. Lacoste, fut élu au Comté de Chambly, et Peter Perry, pour la Division Sud du Comté d'York.

En 1850, Dunbar Ross, fut élu au Comté de Mégantic.—J. S. Sanborn, au Comté de Sherbrooke, et Caleb Hopkins, au Comté de Halton.

En 1851, L. Letellier, fut élu au Comté de Kamouraska.

LISTE DES MEMBRES DU CONSEIL LÉGISLATIF

du Bas-Canada, depuis l'établissement de la Constitution, (1791.)

	(*Date de la Commission.*)		(*Date de la Commission.*)
Le Juge en Chef Smith	1792.	A. J. Duchesnay	1810.
J. G. Chaussegros De Léry,	do.	Aubert De Gaspé	1812.
Hugh Finlay	do.	James Cuthbert	do.
Picotté De Bellestre	do.	H. W. Ryland	do.
Thos. Dunn	do.	J. B. M. H. De Rouville	do.
Paul Roch De St. Ours	do.	John Caldwell	do.
Ed. Harrison	do.	John Blackwood	1814.
F. Baby	do.	Wm. McGillivray	do.
J. Collins	do.	P. D. Debartzch	1815.
J. De Longueuil	do.	C. W. Grant	do.
Charles De Lanaudière	do.	John Richardson	1816.
G. Pownall	do.	Louis De Salaberry	do.
R. A. De Boucherville	do.	Wm. Burns	do.
J. Fraser	do.	Rév. J. O. Plessis Evêque de Québec	1818.
H. Caldwell	1793.	T. J. P. Taschereau	do.
Le Très-Rév. Jacob Lord Bishop de Québec	1795.	T. Coffin	do.
Le Juge en Chef Osgoode,	do.	Wm. Scott	do.
Le Juge en Chef Monk	do.	M. H. Perceval	do.
Sir John Johnson, Baronet,	1797.	Rod. McKenzie	do.
Charles. De Lotbinière	do.	Ol. Perrault	do.
G. E. Taschereau	1799.	L. R. Chaussegros De Lery,	do.
Le Juge en Chef Elmsley	1803.	James Irvine	do.
Le Juge Williams	do.	L. Turgeon	do.
Le Juge en Chef Alcock	1807.	L. Gugy	do.
Le Juge en Chef Sewell	1809.	Charles De Salaberry	do.
Charles De St. Ours	1810.	Mathew Bell	1823.
John Hale	do.	W. B. Felton	do.

LISTE DES MEMBRES DU CONSEIL LÉGISLATIF
du Bas-Canada, depuis la Constitution, (1791.)—(*Continuation.*)

(*Date de la Commission.*)		(*Date de la Commission.*)	
James Kerr	1823.	Roch De St. Ours	1832.
E. Bowen	do.	J. B. Duchesnay	do.
T. Pothier	1827	Peter McGill	do.
J. Stewart	do.	John Molson	do.
J. Forsyth	do.	M. P. De Sales Laterrière,	do.
J. T. Taschereau	1828.	F. X. Mailhiot	do.
Très-Rév. C. James, Lord Bishop de Québec	do.	Jean Dessaulles	do.
Saveuse De Beaujeu	1830.	Barthélemy Joliette	do.
D. B. Viger	do.	P. De Rocheblave	do.
Samuel Hatt	do.	Robert U. Harwood	do.
George Moffatt	do.	A. G. Couillard	do.
Louis Guy	do.	F. Quirouet	1833.
		J. Masson	do.

Dans une Dépêche en date du 26 juin 1837, Lord Gosford soumettait les noms des messieurs suivans comme devant être ajoutés au Conseil Législatif:

Hertel De Rouville,	C. C. Sabrevois De Bleury,
John Neilson,	John Pangman,
Melchior Alphonse De Salaberry,	Gabriel Marchand,
Janvier Domptail Lacroix,	Malcolm Fraser,
Amable Dionne,	Réné Edouard Caron.

Ces messieurs reçurent l'approbation de Sa Majesté, mais ne peurent, en conséquence des évènemens qui suivirent, prendre leurs siéges parmi les membres du Conseil, mais tous, à l'exception de M. Marchand, acceptèrent l'honneur qui leur était conféré.

LISTE DES MEMBRES DU CONSEIL LÉGISLATIF
du Canada depuis l'Union, (1841.)

(*Date de la Commission.*)		(*Date de la Commission.*)	
R. E. Caron, (Orateur,)	1841.	A. Fergusson	1841.
R. S. Jameison	do.	J. Macauley	do.
P. B. De Blaquière	do.	J. Hamilton	do.
Peter McGill	do.	F. P. Bruneau	do.
William Morris	do.	Adam Ferrie	do.
G. Pemberton	do.	J. B. Taché	do.
A. Fraser	do.	P. H. Knowlton	do.
B. Joliette	do.	T. McKay	do.
J. Crooks	do.	G. Roy	do.

LISTE DES MEMBRES DU CONSEIL LÉGISLATIF
du Canada depuis l'Union, (1841.)—(*Continuation.*)

(*Date de la Commission.*)		(*Date de la Commission.*)	
P. Moore	1841.	R. Matheson	do.
A. Dionne	1842.	G. S. Boulton	do.
J. Dionne	do.	D. B. Viger	1848.
G. J. Goodhue	do.	F. A. Quesnel	do.
L. P. Sherwood	do.	Joseph Bourret	do.
W. Walker	do.	George S. De Beaujeu	do.
C. Widner	1843.	J. Ross	do.
J. Æ. Irving	do.	L. Méthot	do.
Louis Massue	do.	J. O. Turgeon	do.
P. B. De Boucherville	do.	S. Crane	1849.
James Morris	1845.	R. Jones	do.
James Gordon	do.	J. Wylie	do.
H. Pinhey	1847.	S. Mills	do.
James Ferrier	do.		

LISTES DES MEMBRES DU CONSEIL EXÉCUTIF
du Bas-Canada, depuis la Constitution, (1791.)

Les noms des Conseillers Exécutifs contenus dans la Commission de Lord Dorchester étaient :—Le Juge en Chef W. Smith, P. R. De St. Ours, H. Finlay, F. Baby, T. Dunn, J. De Longueuil, A. McBean, P. Panet, A. Lymburner. Ce dernier n'a jamais siégé comme tel.

(*Quand assermenté.*)		(*Quand assermenté.*)	
James McGill	1793.	J. Kerr	1812.
Wm. Osgood	1794.	R. Cuthbert	do.
James Monk	do.	M. H. Perceval	do.
P. A. DeBonne	do.	John Mure	do.
John Lees	do.	Ol. Perrault	do.
A. L. J. Duchesnay	do.	W. H. Coltman	1815.
John Young	do.	W. Smith	1817.
Le Très Rev. Jacob, Evêque protestant de Québec	1795.	L. J. Papineau	1820.
Jenkin Williams	1801.	Le Secr. Ready	do.
John Craigie	do.	C. J. Stewart, Evêque protestant de Québec	1826.
Pierre Louis Panet	do.	Charles DeLery	do.
Le Juge en Chef Elmsley	1802.	John Stewart	do.
S. Richardson	1805.	Andrew W. Cochran	1827.
Le Juge Alcock	1806.	James Stuart	do.
Le Juge Sewell	1808.	P. Panet	1831.
James Irvine	1809.	Dominique Mondelet	1832.
		Hughes Heney	1833.

Dans une Dépêche de Lord Gosford, en date du 19 octobre 1837, on voit que les messieurs suivans composaient alors le Conseil Exécutif:—Les Hons. John Stewart, Dom. Mondelet, H. Heney, Geo. Pemberton, Louis Panet, P. D. Debartzch, F. A. Quesnel et William Sheppard.

MM. John Neilson et R. E. Caron avaient décliné cet honneur.

MM. Elz. Taschereau, G. Vanfelson, And. Stuart, H. S. Huot et Jacques Viger, avaient été recommandés par Lord Gosford dans sa Dépêche en date du 26 juin 1837, mais ne firent jamais partie du Conseil Exécutif.

LISTE DES CONSEILLERS EXÉCUTIFS DU CANADA DEPUIS L'UNION.

Le 13 Février 1841, les messieurs suivans furent nommés au Conseil Exécutif:

John Henry Dunn, *Receveur Général,*
Robert Baldwin,
Charles R. Ogden,
Samuel B. Harrison, *Secrétaire Prov.* (*Ouest.*)
Robert B. Sullivan,
Dominic Daly, *Secrétaire Prov.* (*Est.*)
W. H. Draper,
C. D. Day,

Le 17 Mars 1841, l'Honorable H. H. Killaly, est nommé Conseiller Exécutif.

Le 1r. Décembre 1841, l'Honorable R. B. Sullivan, est nommé Président des Comités du Conseil.

Le 9 Juin 1842, l'Honorable Frs. Hincks, est nommé Conseiller Exécutif et Inspecteur-Général des comptes.

Le 1r. Août 1842, l'Honorable Henry Sherwood, est nommé Conseiller Exécutif et Solliciteur-Général pour le Haut-Canada.

Le 16 Septembre 1842, l'Honorable L. H. LaFontaine est nommé Procureur-Général pour le Bas-Canada, et l'Honorable R. Baldwin, Procureur-Général pour le Haut-Canada, avec chacun un siége dans le Conseil Exécutif.

Le 24 Septembre 1842, l'Honorable T. C. Alywin, est nommé Conseiller Exécutif et Solliciteur-Général pour le Bas-Canada.

Le 26 Septembre 1842, l'Honorable James E. Small, est nommé Conseiller Exécutif et Solliciteur-Général pour le Haut-Canada.

Le 15 Octobre 1842, l'Honorable A. N. Morin, est nommé Conseiller Exécutif et Commissaire des Terres de la Couronne.

Le 3 Septembre 1844, les messieurs suivans sont nommés Conseillers Exécutifs:

L'Hon. W. H. Draper, *Procureur-Général, Haut-Canada.*
" James Smith, do. do. *Bas-Canada.*
" Wm. Morris, *Receveur-Général.*
" D. B. Papineau, *Commissaire des Terres.*

L'Honorable D. B. Viger, est nommé Président des Comités du Conseil, le 7 Octobre 1844.

Le 20 Décembre 1844, l'Honorable W. B. Robinson, est nommé Inspecteur-Général des comptes, et Conseiller Exécutif le 21 du même mois.

Le 8 Août 1845, l'Honorable Wm. Cayley, est nommé Conseiller Exécutif, et Inspecteur-Général des comptes.

Le 24 Avril 1847, l'Honorable Wm. Badgley, est nommé Procureur-Général pour le Bas-Canada, et Conseiller Exécutif.

Le 22 Mai 1847, l'Honorable J. H. Cameron, est nommé Conseiller Exécutif, et l'Honorable John McDonald, Receveur-Général et Conseiller Exécutif.

Le 29 Mai, l'Honorable Henry Sherwood, est nommé Conseiller Exécutif, et Procureur-Général pour le Haut-Canada.

Le 31 Mai, l'Honorable Peter McGill, est nommé Conseiller Exécutif.

Le 18 Décembre 1847, l'Honorable J. A. McDonald, devient Commissaire des Terres de la Couronne, et l'Honorable F. P. Bruneau, Receveur-Général, et Conseiller Exécutif.

Le 18 mars 1848 la Gazette Officielle publia les nominations suivantes :

CONSEILLERS EXÉCUTIFS.

L'Hon. L. H. Lafontaine, *Procureur-Général pour le Bas-Canada.*
" R. B. Sullivan, *Secrétaire Provincial.*
" R. Baldwin, *Procureur-Général pour le Haut-Canada.*
" Frs. Hincks, *Inspecteur-Général.*
" T. C. Aylwin, *Solliciteur-Général pour le Bas-Canada.*
" J. H. Price, *Commissaire des Terres de la Couronne.*
" L. M. Viger, *Receveur-Général.*
" E. P. Taché, *Commissaire en Chef des Travaux Publics.*
" M. Cameron, *Assistant Commissaire des Travaux Publics.*

Le 16 Septembre 1848, l'Honorable Jas. Leslie devient Secrétaire Provincial, et l'Honorable Wm. H. Merritt, membre du Conseil Exécutif et Président des Comités du Conseil.

En Novembre 1849, l'Honorable E. P. Taché est fait Receveur-Général.

Le 15 Decembre 1849, l'Honorable Jean Chabot est nommé Conseiller Exécutif et Commissaire en Chef des Travaux Publics.

Le 26 Avril 1850, l'Honorable Jos. Bourret est nommé Conseiller Exécutif, Président des Comités du Conseil, et Asst. Commissaire des Travaux Publics.

Le 22 Février 1851, l'Honorable Jos. Bourret devient Commissaire en Chef des Travaux Publics.

Le 22 Février 1851, l'Honorable James Morris, Maître-Général des Postes, est assermenté comme Conseiller Exécutif.

FIN.

TABLE

DES MATIÈRES CONTENUES DANS CE VOLUME.

Page.

PREMIÈRE PARTIE.

SECONDE PARTIE.

CHAPITRE PREMIER.

CHAPITRE SECOND.

CHAPITRE TROISIÈME.

CHAPITRE QUATRIÈME.

TROISIÈME PARTIE.

TRIBUNAUX DU BAS-CANADA.

APPENDICE.

FIN DE LA TABLE.

ADDITIONS ET ERRATA.

Depuis que les feuilles précédentes ont été imprimées, un Acte a été passé par l'Assemblée Législative et le Conseil Législatif de cette Province, dans le but d'amender l'Acte passé en 1846 pour octroyer une Liste Civile de sa Majesté, et de fixer les salaires de certains officiers publics. Cet Acte a été reservé au bon plaisir de sa Majesté. S'il reçoit la sanction de la Reine, les salaires annuels des officiers ci-dessous mentionnés seront fixés aux sommes suivantes:

Le Juge en Chef de la Cour du Banc de la Reine, Bas-Canada....................	Recevra	£900	0	0
Chaque Juge Puisné de la même Cour........	"	800	0	0
Le Juge en Chef de la Cour Supérieure du Bas-Canada..............................	"	900	0	0
Chacun des Juges Puisnés de la même Cour...	"	800	0	0
Dans le Haut-Canada, le Juge en Chef de la Cour du Banc de la Reine...............	"	900	0	0
Chaque Juge Puisné de la même Cour.........	"	800	0	0
Le Juge en Chef de la Cour des Plaids Communs...................................	"	900	0	0
Chaque Juge Puisné de la même Cour.........	"	800	0	0
Le Chancellier du Haut-Canada...............	"	900	0	0
Le Vice-Chancellier "	"	800	0	0

Le même Acte réduit aussi les salaires des Orateurs du Conseil Législatif et de l'Assemblée Législative à la somme de £500 par année, chacun.

ERRATA.

(*Page.*)	(*ligne.*)	(*au lieu de*)	(*lisez.*)
5	21	limités.	limites.
13	6	sa.	leur.
26	13	requise.	requise de tout électeur.
50	1	de terres.	pour terres.
74	24	la manque.	manque.
80	17	assemblée.	assemblées.
82	11	présenter.	présentes.
88	9	exercice.	exercices.
103	*note*	arrondissement du comté.	arrondissement ouest du comté.
136	8	Mr. Olivier Berthelet fut élu pour le Quartier Est de Montréal.	
141		Les noms des Honorables E. P. Taché et James Leslie ont été omis dans la liste des Conseillers Législatifs du Bas-Canada. Ils devaient venir immédiatement à la suite du nom de l'Honorable F. A. Quesnel.	

3166. GERIN-LAJOIE, ANTOINE. 1824-1882.

Catéchisme politique; ou Elémens du droit public et constitutionnel du Canada, mis a la portée du peuple; avec un appendice contenant les dispositions encore en force des capitulations, du traité de paix, et des actes constitutionnels du Canada; le texte de l'acte d'union des deux provinces et les amendemens qu'il a subis depuis sa passation; ainsi que divers autres renseignemens d'utilité générale. Aussi, plusieurs tableaux présentant une liste complète des membres de l'Assemblée législative, du Conseil législatif, et du Conseil exécutif du Bas-Canada, depuis l'établissement du gouvernement représentatif en ce pays jusqu'a nos jours: par A. Gérin-Lajoie. *Montreal: Imprimerie de Louis Perrault, rue Saint-Vincent. 1851.*

iv, [5]-144, iii, [1] p. 8vo. 19.2 x 13 cm.

Can.Arch., Dionne, Gagnon, Sabin.

—— —— Another copy.

21.9 x 13.9 cm. Bound with original gray paper covers, front cover bearing a reprint of the t.-p. in a frame.

Réimpression d'après *A Bibliography of Canadiana.*

(Toronto, The Public Library, 1934).

CANADIANA AVANT 1867

Une série de réimpressions d'ouvrages d'importance historique, tirée de la collection de la Toronto Public Library

Titres disponibles

ANDERSON. The net in the bay. 1854.

AUBERT DE GASPE. Mémoires. 1866.

[BOLLAN]. The importance and advantage of Cape Breton. 1746.

[BUTEL-DUMONT]. Histoire et commerce des colonies angloises, dans l'Amérique Septentrionale. 1755.

CAVENDISH. Government of Canada. Debates . . . [re] government of the province of Quebec. 1839.

CHABERT. Voyage fait par ordre du roi en 1750 et 1751, dans l'Amérique Septentrionale. 1753.

[CHOISEUL]. Mémoire historique sur la negociation de la France & de l'Angleterre. 1761.

[CUOQ]. Etudes philologiques sur quelques langues sauvages de l'Amérique. 1866.

DOBBS. An account of the Countries adjoining to Hudson's Bay. 1744.

ELLIS. A voyage to Hudson's-Bay. 1748.

FARAUD. Dix-huit ans chez les sauvages. 1866.

FARIBAULT. Catalogue d'ouvrages sur l'histoire de l'Amérique. 1837.

FOX. North-vvest Fox. 1635.

GERIN-LAJOIE. Catéchisme politique. 1851.

GOURLAY. General introduction to Statistical account of Upper Canada. 1822.

GOURLAY. Statistical account of Upper Canada, 2 vols. 1822.

HAZLITT. British Columbia and Vancouver Island. 1858.

HOWISON. Sketches of Upper Canada. 1821.

LE BEAU. Avantures . . . parmi les sauvages de l'Amérique Septentrionale. 2 vols. 1866.

MARSDEN. The narrative of a mission to Nova Scotia. 1816.

MASERES. A collection of several commissions . . . [re] the State of the Province in Quebec. 1772.

MIDDLETON. A vindication of the conduct of Captain Christopher Middleton. 1743.

[MITCHELL]. The contest in America between Great Britain and France. 1757.

[PICHON]. Lettres et memoires pour servir à l'histoire naturelle, civile et politique du Cap Breton. 1760.

REEVES. History of the Government of the Island of Newfoundland. 1793.

RICHARDSON. Eight years in Canada. 1847.

ROBINSON. Canada and the Canada bill. 1840.

ROBSON. An account of six years residence in Hudson's-Bay, from 1733 to 1736, and 1744 to 1747. 1752.

ROGERS. A concise account of North America. 1765.

SAINT-VALLIER. Estat present de l'eglise et de la colonie françoise dans la Nouvelle France. 1688.

STATE OF THE BRITISH AND FRENCH COLONIES IN NORTH AMERICA. 1755.

STEWART. An account of Prince Edward Island. 1806.

THOMPSON. History of the late war, between Great Britain and the United States of America. 1832.

UPPER CANADA. Doctor Charles Duncombe's Report upon the subject of education. 1836.

WEST. The substance of a journal during a residence at the Red River colony. 1824.

FSC
www.fsc.org
MIX
Papier | Fördert
gute Waldnutzung
FSC® C083411

Kolibri 360 GmbH
Ferdinand-Jühlke-Straße 7
99095 Erfurt, Deutschland
produktsicherheit@kolibri360.de